Pressler | Nathan und seine Kinder

Lektüreschlüssel XL

für Schülerinnen und Schüler

Mirjam Pressler

Nathan und seine Kinder

Von Sven Jacobsen

Reclam

Dieser Lektüreschlüssel bezieht sich auf folgende Textausgabe: Mirjam Pressler: *Nathan und seine Kinder.* Roman. Weinheim/Basel: Beltz & Gelberg, 2011.

Lektüreschlüssel XL | Nr. 15556
2024 Philipp Reclam jun. Verlag GmbH,
Siemensstraße 32, 71254 Ditzingen
Druck und Bindung: Esser printSolutions GmbH,
Untere Sonnenstraße 5, 84030 Ergolding
Printed in Germany 2024
RECLAM ist eine eingetragene Marke
der Philipp Reclam jun. GmbH & Co. KG, Stuttgart
ISBN 978-3-15-015556-1

www.reclam.de

Inhalt

1. Schnelleinstieg

Autorin	Mirjam Pressler, geboren am 18. Juni 1940, gestorben am 16. Januar 2019
Gattung	(Jugend-)Roman
Epoche	Gegenwartsliteratur
Veröffent-lichung	Die Veröffentlichung erfolgte im Jahr 2009.
Werkaufbau	Der Roman besteht aus 18 Kapiteln, jeweils überschrieben mit den Namen der handelnden Figuren.
Ort und Zeit der Handlung	Jerusalem in der Zeit um 1192 n. Chr.
Rezeption und Adaption	Der Roman wurde nach seinem Erscheinen durchweg positiv aufgenommen. Bereits 2009 wurde er mit dem Internationalen Buchpreis Corine ausgezeichnet, im Jahr 2010 wurde er für den Deutschen Jugendliteraturpreis nominiert; Pressler erhielt einen Sonderpreis. Es folgte eine Hörbuchfassung.

Als nach dem Terroranschlag 9/11 im Jahr 2001 mit fast 3000 Toten nach einer kurzen Schockstarre der »Krieg gegen den Terror« entfesselt wurde und die USA an der Spitze einer Koalition großangelegte Militärschläge in Afghanistan und im Irak vollführten, schien eine düstere Prognose des US-amerikanischen Politikwissenschaftlers Samuel Phillips Huntington in Erfüllung zu gehen. Dieser hatte in einem 1996 erschienenen Buch und internationalen Bestseller mit dem Titel *The Clash of Civilizations* (deutscher Titel »Kampf der Kulturen«) die politische Situation nach dem scheinbaren Ende des Kalten Krieges 1989/90 skizziert und dabei erhebliches Konfliktpotential und drohende Kriege zwischen mehreren Kulturkreisen ausgemacht. Unter anderem sah er die islamisch geprägten Regionen der Welt in einer gewissen Abwehrhaltung gegenüber dem Westen, dessen Werte und Erscheinungsbild vielen als dekadent erschienen. Stützen konnte Huntington seine Thesen mit unübersehbaren Reislamisierungstendenzen im letzten Viertel des 20. Jahrhunderts, die von Südostasien bis nach Nordafrika reichten und die die politischen Strukturen sowie Einstellungen der Menschen bis hin zur Radikalisierung veränderten.

■ Krieg der Kulturen?

Nicht nur mit den Kriegen in Afghanistan und im Irak begann das 21. Jahrtausend denkbar schlecht. Der langwierige Nahostkonflikt flammte nach einer kurzen Zeit der Beruhigung mit dem Jahr 2000 wieder blutig auf, sodass die Hoffnungen auf ein stabiles friedliches Zusammenleben zwischen Israel und den Palästinensern bzw. den arabischen Nachbarstaaten vorerst scheiterten. Die Jugoslawienkriege (1991–2001) waren ein unheilvolles Gemenge aus ethnischen, religiösen und politischen Ursachen, die bis in die Gegenwart virulent nachwirken. Die weit verbreitete Angst vor islamistischen Terrorgruppen im Westen und eine verallgemeinerte Abneigung gegenüber Muslimen schufen ein latent ungünstiges Klima für das Zusammenleben in den durch Migration geprägten

■ Kriegerischer Beginn

Gesellschaften Europas oder Amerikas. Umgekehrt hatten Zweifel an der Legitimation der Kampfhandlungen in Afghanistan und im Irak das Bild des Westens nachhaltig ins Negative verzerrt.

Leidenschaftliches Plädoyer

Im Jahr 2009 erschien mit Mirjam Presslers Roman *Nathan und seine Kinder* ein leidenschaftliches Plädoyer für ein friedliches Zusammenleben der Menschen unterschiedlicher Religion, das schnell zum Bestseller avancierte und Ausdruck der Frustration darüber ist, dass es den Menschen anscheinend nicht gelingen will, friedlich zusammenzuleben. Für dieses Plädoyer hat sich Pressler einen altbekannten Stoff der Weltliteratur ausgesucht und neu interpretiert. Erzählt wird die Geschichte des Juden Nathan, der im Jahr 1192 in Jerusalem im Zeitalter der Kreuzzüge inmitten eines von Krieg und religiösem Fanatismus aufgeheizten Umfelds als Kaufmann lebt. Er weiß, was es heißt, eine Familie zu verlieren, und möchte deshalb seine Tochter und sein mühsam aufgebautes neues Umfeld nicht wieder verlieren. Er sieht in Güte und Liebe die Garanten des menschlichen Glücks, doch andere, weitaus Mächtigere wie der Sultan Saladin oder der Patriarch von Jerusalem, das geistliche Oberhaupt der Christen in Jerusalem, haben machtpolitische Pläne, in denen der Einzelne keine Rolle spielt. In einer Situation der höchsten Not gelingt es Nathan, mit einem brillanten Einfall das drohende Unglück abzuwenden – vorerst.

Das große Vorbild

Lessings weltberühmtes Drama *Nathan der Weise* aus dem Jahr 1779 ist das Vorbild für den Roman von

Mirjam Pressler, auf das sie sich ausdrücklich beruft. Dieser Lektüreschlüssel versucht, das Werk und seine Entstehung im Zusammenhang mit dem Zeitgeschehen vorzustellen, es in seiner Form und Gestaltung zu analysieren und schließlich seine Botschaft zu deuten. Das Ziel soll sein, begreiflich zu machen, warum ein klassischer Stoff aus dem Mittelalter es bis in die Gegenwart geschafft hat, seinen Wert zu behalten.

2. Inhaltsangabe

Geschem (1. Kapitel)

Ein Junge wird durch Schreie aus dem Mittagsschlaf unter einem Maulbeerbaum im Garten gerissen und erkennt, wie die Frauen des Hauses von Nathan die Gesellschafterin Daja davon abhalten müssen, sich in das brennende Haus zu stürzen, um Nathans Tochter Recha zu retten. Der Junge (von Nathan bekommt er später den Namen Geschem) selbst ist körperlich behindert, will aber dennoch diese Heldentat vollbringen, um sich endlich zu beweisen. Wegen des Qualms verliert er aber allmählich das Bewusstsein, kann jedoch im letzten Moment noch eine weißgekleidete Männergestalt erkennen, die sich ins brennende Haus begibt. Erst in der Nacht kommt Geschem wieder zu sich. Gepeinigt von Schamgefühlen, wegen einer Behinderung am Bein seine Herrin Recha nicht gerettet zu haben, sieht er um sich. Er fühlt sich nutzlos, seit er vor zwei Jahren in die Hausgemeinschaft aufgenommen wurde. Er bemerkt ein Notlager der Hausbewohner unter freiem Himmel und auch, dass es keinerlei Anzeichen der Trauer gibt, sodass er allmählich begreift, dass Recha gerettet ist.

■ Die Katastrophe

Schließlich sieht er den von einer Reise heimgekommenen Nathan, der seine Tochter liebevoll im Arm hält. Ihm gegenüber sitzen Daja und der Derwisch al-Hafi, ein Freund Nathans. Nathan ist glücklich über Rechas Rettung und beruhigt die anderen,

■ Tiefe Liebe zur Tochter

dass der Verlust einiger Habseligkeiten sowie leichte Verletzungen Rechas bedeutungslos seien. Recha selbst meint, ein Engel habe sie gerettet. Daja entgegnet, Recha sei noch verwirrt und beharrt darauf, dass ein Tempelritter sie gerettet habe. Nathan reagiert ungläubig, da der Sultan Saladin alle Tempelritter habe hinrichten lassen. Sein Freund al-Hafi eröffnet ihm, er selbst habe gesehen, wie Saladin während der Hinrichtungen beim Anblick eines der Tempelritter erblasste und diesen daraufhin verschonte und ziehen ließ. Das Gespräch wird unterbrochen, als die Kamele entladen werden, die nach Nathans erfolgreicher Geschäftsreise ankommen. Nathan dankt Gott für die reichen Segnungen der Reise, und al-Hafi bestätigt, dass Gott dem Gerechten helfe. Der Junge denkt, dass jeder Gott, ganz gleich welcher Religion, Nathan liebe. Schließlich wird, inmitten der aus dem Haus getragenen verkohlten Möbel, das Nachtmahl zubereitet. Die Köchin Zipora fragt den Jungen, wo er gewesen sei, was ihm unangenehm ist. Der Hausverwalter Elijahu steht ihm zur Seite; er scheint den Jungen zu mögen.

Unerwartete Rettung

Als die Nachtruhe beginnt, kann der Junge nicht schlafen und geht in den Innenhof. Dort trifft er Nathan, der ebenfalls keine Ruhe findet und der ihn einlädt mit ihm zu plaudern. Der Junge erzählt, wie er in das Haus Nathans gekommen ist, nachdem ihn Elijahu von der Straße aufgelesen hatte und sich mit Ziporas Unterstützung um ihn zu kümmern anfing. Gefragt nach seinem Namen, kann der Junge keine Ant-

Gespräch mit Nathan

wort geben. Er weiß auch nicht, ob er Jude, Christ oder Muslim ist. Nathan freut sich, dass Elijahu und die Köchin Zipora eine gute Tat begingen, und gibt dem Jungen den Namen Geschem, weil jeder Mensch einen Namen brauche. Geschem bedeutet übersetzt Regen, den der Junge liebt, weil er Feuer lösche.

Der Junge bekommt eine Identität

Daja (2. Kapitel)

Die Erzieherin und Gesellschafterin Rechas, Daja, versucht zu schlafen, muss aber an Nathans unmenschliche Qualen denken, als er glaubte durch den Brand seine Tochter verloren zu haben. Seine Freude, sie dann lebend in seine Arme nehmen zu können, berührt Daja tief. Wie in früheren Tagen, als sie die kleine Recha betreute und und diese zur Beruhigung bei ihr schlief, nimmt sie Recha zu sich, die wegen der überstandenen Gefahr aufgewühlt ist. Während Recha schnell einschläft und gerührt von Daja betrachtet wird, muss diese rückblickend an ihre Kindheit in Gunzenhausen in Deutschland denken. Sie wuchs nach dem frühen Tod der Eltern in ärmlichen Verhältnissen bei ihrer Großmutter auf; einer Frau, die ihr andauernd mit ihrer religiösen Eiferei und ihren Ermahnungen zusetzte. Es gab keine freundlichen Worte. Eines Tages lagerte eine große Gruppe von Menschen in der Nähe, die sich als Kreuzfahrer auf den Weg ins Heilige Land machten. Die Prediger versuchten, die Dorfbewohner mit der Aussicht auf Sündenerlass sowie dem Appell, den Glaubensbrüdern zu

Dajas Kindheit

Abb. 1: Kreuzzugspredigt von Papst Urban II. – © picture alliance/United Archives | United Archives/Carl Simon

helfen, zur Teilnahme am Kreuzzug zu bewegen. Tatsächlich schlossen sich einige an, wenn auch aus verschiedenen Gründen.

Aufbruch zum Kreuzzug

Daja machte sich ebenfalls auf den Weg nach Jerusalem. Sie lernte im Lager einen jungen Mann namens Gisbert kennen und lieben. Die Aussicht auf ein anderes Leben und der sehnliche Wunsch, dem bedrückenden Leben mit der Großmutter zu entfliehen, erleichterten ihr den Abschied. Der Weg ins Heilige Land entpuppte sich aber bald als entbehrungsreich und gefährlich. Gesindel begleitete den Zug, es gab oft nichts zu essen und wiederholt kam es zu Kämpfen mit den Einwohnern der Länder, die sie durchquerten, weil diese dem großen, undisziplinierten Heer keine Lebensmittel abtreten wollten. Auch im Heer selbst kam es laufend zu Vergewaltigungen der Frauen oder zu Diebstahl. In Palästina schließlich kämpften sich die Kreuzfahrer bis nach Jerusalem vor, wurden dort aber von den muslimischen Truppen aufgerieben. In der Schlacht verlor Daja Gisbert, den sie in der Zwischenzeit geheiratet hatte. Auf sich allein gestellt und ohne Aussicht, als Frau ohne Gewalterfahrung durchzukommen, wurde sie in ihrer tiefsten Verzweiflung als Schutz- und Obdachlose schließlich von Nathan aufgelesen, der ihr anbot, in ihrem Haus zu leben, wenn sie sich um die kleine Recha kümmern würde. Diese Hilfe in der Not erfüllte Daja mit tiefer Dankbarkeit und Liebe zu Nathan, dem sie in den folgenden Jahren treu diente und zur heimlichen Geliebten wurde.

■ Gefahren der Reise

Elijahu (3. Kapitel)

Elijahu, seit 18 Jahren Verwalter und Freund Nathans, beschreibt, wie sie sich nach der erfolgreichen Geschäftsreise Jerusalem voller Vorfreude auf gutes Essen und ein Wiedersehen mit den Ihren nähern. Als sie vom Brand erfahren und die hysterische Daja antreffen, die um das Leben Rechas bangt, ist zunächst alles anders als erwartet. Nathan scheint von der Nachricht schier gebrochen zu sein und Elijahu muss mit ansehen, wie Nathan den Verstand zu verlieren droht

■ Enger Freund Nathans

wie vor vielen Jahren, als er sein Haus und seine Familie bei einem Brand verlor. Er nimmt ihn in die Arme und steht ihm bei, sodass Nathan vom Schlimmsten abgehalten werden kann. Als die befreiende Nachricht der Rettung Rechas kommt und Nathan seine über alles geliebte Tochter in die Arme schließen kann, denkt Elijahu zurück an den schweren Schicksalsschlag vor 18 Jahren, der Nathan alles raubte, was ihm lieb und teuer war.

Nathans schweres Schicksal

Damals hatten Kreuzfahrer nach einer Niederlage gegen Saladin ihren Frust an unbeteiligten Wehrlosen ausgelassen und dabei Nathans Haus in Brand gesteckt und so seine Frau und seine sieben Kinder ermordet. Als Nathan das erfuhr, musste er gewaltsam davon abgehalten werden, Selbstmord zu begehen. Elijahu beschreibt im Rückblick, wie Nathan in den folgenden Wochen die Trauer durchlebte. Erst habe er vernichtende Rache an allen Christen gewollt. Dann aber kam unvorhergesehen ein rettendes Ereignis. Ein Klosterbruder brachte ihm einen Säugling, Recha.

Der neue Vater

Nathan habe geweint. Er nahm das Kind an und betrachtete es als gottgewollte Aufgabe, nach dem Verlust seiner sieben Kinder sich um dieses eine zu kümmern. Elijahu beschreibt kurz, wie Nathan sich in Jerusalem eine neue Existenz aufbaute, eine Amme für Recha besorgte, aber ablehnte, über sein Unglück zu reden. Es sei eine Sache zwischen ihm und Gott.

Am nächsten Tag steht Elijahu auf, geht seinen Aufgaben nach, die er geschickt bewältigt, und trifft auf Nathan. Der spricht ihn auf Geschem an, verweigert erneut, sich auf Gespräche über die Vergangenheit einzulassen, und bittet Elijahu, sich um Geschem zu kümmern. Er begründet es mit der Aussage, dass jeder Mensch einen Platz auf der Welt brauche und wissen müsse, wer er sei.

Recha (4. Kapitel)

Recha wacht nach einer unruhigen Nacht auf und muss sich erst vergewissern, wo sie ist. Sie ist froh über Dajas Anwesenheit, wie in den Kindertagen. Als die Schmerzen der Verbrennungen am Arm zurückkehren, denkt sie an ihren Retter, der ihr schön wie ein Engel erschien und sie stark und schützend durch die Flammen trug. Sie will nicht wahrhaben, dass es ein Tempelritter gewesen ist, als sie verbunden wird. Sie beschließt in ihrer Verwirrung, sich an ihre Freundin Lea zu wenden, die unglücklich verheiratet zu sein scheint, unter anderem weil sie keinen erhofften Knaben zur Welt bringt. Auf dem Weg durch das vom Brand gezeichnete Haus fällt ihr Geschem auf, den sie bislang kaum registriert hat. Auf dem Weg durch die Stadt nimmt sie die Schönheit der Dinge, Menschen und Gerüche begierig wahr und erkennt den Wert des Lebens und der Liebe. Sie beschließt aber, doch nicht Lea aufzusuchen. Sie muss wieder an ihren Retter denken und steht schließlich vor der Grabeskirche, die den Christen wie Daja so viel bedeutet. Plötzlich sieht sie ihren Retter, der gerade einem alten Pilger behilflich ist. Die Schönheit des Mannes verwirrt die junge

■ Gedanken an den Retter

■ Schwierige Wiederbegegnung

Frau so sehr, dass sie wie gelähmt dasteht und erkennt, dass sie Dajas und Nathans Hilfe braucht, um ihm gegenüberzutreten und zu danken.

Der Tempelritter (5. Kapitel)

Verwirrung und Rückblick

Der Templer geht gedankenverloren durch die Stadt; er ist hin- und hergerissen zwischen verschiedenen Empfindungen. Der Gedanke an die Rettung des Mädchens verwirrt ihn, er nimmt das Land als zwischen Grausamkeit und Schönheit pendelnd wahr und muss an die ihn belastende Vergangenheit denken. Um sich abzulenken, besteigt er in seiner Ziellosigkeit den Berg Zion. Er denkt daran, wie die Tempelritter den Waffenstillstand mit Saladin gebrochen hatten und sich auf einen Überfall vorbereiteten. Allerdings gerieten sie selbst in einen Hinterhalt und wurden vernichtet oder gefangengenommen. Die Gefangenen wurden nach einem langen Marsch ohne Verpflegung zu Saladin gebracht. Der Templer erinnert sich, wie überrascht er von der schmächtigen Gestalt Saladins war, die ihm gemeinsam mit dem nachdenklichen Gesicht nicht recht zum Bild des machtvollen Kämpfers zu passen schien. Dann musste er entsetzt mitansehen, wie ein Tempelritter nach dem anderen vor Saladin hingerichtet wurde. Auch dem engen Freund des Templers wurde der Kopf abgeschlagen.

Unerklärliche Begnadigung

Als er selbst an der Reihe war, hatte Saladin ihn aber erblassend angesehen, begnadigt und unter seinen Schutz gestellt.

Der junge Mann denkt bei der Betrachtung der Landschaft über ihre Bedeutung für die Menschen nach und erinnert sich an seine schwäbische Heimat. Dort war er als Curd von Stauffen bekannt, wurde aber damit konfrontiert, eigentlich Leu von Filnek zu sein. Während er nachdenkt, riecht er wieder den Brandgeruch, als er das Mädchen gerettet hat. Er überlegt, dass es nicht Heldenmut gewesen ist, der ihn in die Flammen trieb, sondern Todesbereitschaft aus Scham, als Einziger der Tempelritter überlebt zu haben. Er kommt mit seinen widerstreitenden Gedanken über seine Existenz und das Leben nicht ins Reine und verlässt den Gipfel des Berges.

■ Plötzlich ein anderer Mensch

Am nächsten Tag sucht er den Patriarchen von Jerusalem auf, um ihn zu bitten, eine Aufgabe zu bekommen. Der Patriarch weiß, dass er Curd von Stauffen ist und als einziger Tempelritter verschont wurde. Mit dem Hinweis, Gott habe wohl noch etwas mit ihm vor, fordert der Patriarch den Templer auf, den Schutz Saladins in der Stadt dahingehend auszunutzen, das Heer Saladins auszuspähen und ihm Bericht zu erstatten. Der für einen Templer unehrenhafte Auftrag verstört Curd von Stauffen, zumal er Saladin zu Dankbarkeit verpflichtet ist. Der Patriarch nimmt das Zögern wahr und erinnert daran, dass die Tempelritter einen Eid geschworen hatten und zum Gehorsam der Kirche gegenüber verpflichtet seien. Der Patriarch führt offen aus, dass nach 70 Jahren die Zeit wieder reif sei, Jerusalem von den Muslimen zurückzuerobern, wofür die genaue Kenntnis des Gegners

■ Besuch beim Patriarchen

Unehrenhafte Forderungen des Patriarchen

unabdingbar sei. Er fordert den Templer schließlich auf, eine Gelegenheit herbeizuführen, um Saladin in die Hände der Christen fallen zu lassen, oder besser noch Saladin selbst zu ermorden. Er gibt Curd von Stauffen Gelegenheit darüber nachzudenken und entlässt ihn.

Al-Hafi (6. Kapitel)

Das Leben, ein Schachspiel

Al-Hafi denkt über die Parallele zwischen dem Leben und dem Schachspiel nach und kommt zur Einsicht, dass der Mensch den Schachfiguren gleiche, die von höheren Mächten bewegt werden. Er wundert sich über seinen vor kurzem geschehenen Aufstieg vom einfachen Derwisch zum Schatzmeister Saladins, den er Nathan am Abend nach dem Brand berichtet. Nathan kann es kaum glauben und scheint misstrauisch zu sein, welche Gründe diesen Aufstieg erklären könnten. Beiden ist der widersprüchliche Ruf Saladins bekannt, der gütig und grausam zugleich sein kann. Al-Hafi verweist auf die Notwendigkeit, für die Ergründung von Wahrheiten immer auch das Gegenteil von Annahmen in Betracht ziehen zu müssen. Er eröffnet Nathan sein Verwandtschaftsverhältnis mit Saladin, was diesen erstaunt, weil es das Freundschaftsverhältnis auf andere Grundlagen zu stellen scheint. Nach einigem Nachdenken sind sich beide einig, dass den Gegebenheiten zum Trotz ihre Freundschaft Bestand haben soll. Al-Hafi verabschiedet sich, denkt erneut über die Ähnlichkeiten der menschlichen Existenz mit dem Schachspiel nach und muss darüber an seine Lebensgeschichte denken.

Als junger Mann verließ er, im Rückblick aus einer spontanen Laune heraus, seine Heimat und gelangte schließlich über Umwege nach Jerusalem. Al-Hafi vergleicht Saladins Rolle als absoluter Herrscher mit der Bedeutung des Königs im Schach, der zu schützen ist und von dem alles abhängt. Saladins geliebter Schwester kommt in dieser Betrachtung die Rolle der Dame im Schach zu. Al-Hafi denkt auch an Assad, den älteren Bruder, den Saladin über alles geliebt hat. Assad ist eines Tages verschwunden, den Gerüchten nach wegen einer Frau, und nicht mehr aufgetaucht. Die Ähnlichkeit des Templers mit Assad sei der Grund, weshalb Saladin den Tempelritter begnadigt hatte. Al-Hafi erinnert sich an die glücklichen und einfachen Jahre, bevor eines Tages Saladin ihn zu sich rufen lassen hatte. Während al-Hafi vor sich hin grübelt, hört er plötzlich Stimmen hinter einem Gebüsch.

Al-Hafis Herkunft

Er kann das heimlich geführte Gespräch nicht verfolgen, erkennt aber kurz darauf Saladins jüngeren Bruder, Melek al-Adel, und den Hauptmann Abu Hassan, der vor kurzem die Templer besiegte. Beide sind Heißsporne, ehrgeizig und radikal gesinnte Muslime. Al-Hafi ahnt, dass sie etwas planen, ohne sich Konkretes vorstellen zu können.

Intrigen am Hof

Kurz darauf sucht Sittah al-Hafi auf und teilt ihm mit, dass die Schiffe mit den Steuereinnahmen noch nicht angekommen sind. Al-Hafi selbst sitzt gerade verzweifelt über den Haushaltsbüchern Saladins; die

Leere Kassen

Kassen sind leer und die laufenden Ausgaben hoch. In der angespannten Lage zwischen den Christen und den Muslimen drohen im Falle eines gebrochenen Waffenstillstands große Probleme für die Finanzierung eines Heeres. Sittah macht den Vorschlag, dass der bekanntermaßen großzügige Nathan dem Sultan Geld leihen könne, bis die Steuereinnahmen angekommen sind. Für al-Hafi ist das unangenehm, da er als Freund Nathans um die Gefahren für Nathan weiß, die diesem drohen, wenn er zum Spielball der Politik wird.

Daja (7. Kapitel)

Daja erzählt, dass am Morgen die Nachricht vom Tod einer bekannten Person in der Stadt verkündet wurde. Recha erklärt, im Gegensatz zu den anderen nicht beim Kondolenzbesuch dabei sein zu wollen, da es für sie mit dem Gefühl verbunden sei, sich in einem Haus anstecken zu können, in dem ein Todesfall vorgekommen wäre. Daja fällt bei den Vorbereitungen Geschem auf, der seit kurzem unter Elijahus Obhut steht und viel glücklicher wirkt. Als die Gruppe auf dem Weg durch die Stadt ist, erkennt Geschem unter einem Baum den Tempelritter und macht alle auf ihn aufmerksam.

Nathans Begegnung mit dem Templer

Nathan eilt zu ihm hin, wirft sich ihm zu Füßen und dankt ihm, wie Daja erkennen zu können meint. Ihr fällt die ungewöhnliche Schönheit des Mannes auf. Der Templer reagiert auf die Annäherung des Juden Nathan mit offensichtlicher Abscheu, die zu der Zeit Christen gegenüber allen Juden an den Tag legten. Nathan reagiert beherrscht und bietet ihm alles Geld an, das er hat, weil die Rettung seiner Tochter alles für ihn bedeutet. Der Templer lehnt ab und meint, Nathan könne ihm höchstens gegen Zinsen etwas Geld für seinen versengten Mantel borgen. Die hochmütige Äußerung lässt Daja ihre Beherrschung verlieren. Sie maßregelt den Templer für seinen Hochmut und erinnert ihn an die Bedeutung der Ritterlichkeit. Curd von Stauffen reagiert verblüfft auf den Rüffel aus dem Mund einer Frau. Nathan erklärt Daja, dass Taten mehr zählten als Worte und dass der Templer mit der Rettung eines Lebens Edelmut bewiesen habe. Er sei noch jung und werde einsehen, dass Edelmut und Menschlichkeit nicht von einer Religion abhingen. Er lädt den Templer ein, sie abends zu besuchen, weil er das Leben seiner Tochter gerettet habe. Für Gott, so Nathan, sei jedes Leben wertvoll und er liebe jeden Menschen, egal welcher Religion.

■ Vorurteile und Einsicht

Curd von Stauffen ist mittlerweile sichtlich verlegen wegen seines Verhaltens und willigt letztlich ein, abends zu kommen. Das Treffen führt schnell zu einer Annäherung zwischen dem Templer und Nathan, die bei gutem Wein und Essen alsbald anfangen über die Welt zu sprechen, wie sie sein sollte. Mit Zitaten aus den Heiligen Schriften der Religionen wünschen sie sich eine Welt, in der Konflikte überwunden sind und die Sündhaftigkeit der Menschen Vergangenheit ist. Zum Abschluss reichen sich beide Männer

■ Einladung zum Essen

Unerwartete Freundschaft, Recha ist verliebt

in Freundschaft die Hände. Daja fällt während des Essens bald die Verliebtheit Rechas in den Templer auf. Sie kann nur hoffen, dass sich die Dinge zum Guten entwickeln.

Recha (8. Kapitel)

Recha hat eine unruhige Nacht im Anschluss an das Abendessen mit dem Templer. Sie träumt von Tieren, die vor ihr entfliehen, bevor sie diese erreicht, und sogar von Curd von Stauffen, auf den sie zuläuft, dabei aber im Sand versinkt. Als sie erwacht, bekommt sie die Vorbereitungen für den Besuch al-Hafis mit. Für versteckte Heiterkeit sorgt der Plan der Köchin Zipora, dem Gast ein Essen zuzubereiten, von dem alle wissen, dass es das Leibgericht Elijahus ist, weil man um die Verliebtheit Ziporas weiß. Die hat es aber noch nicht fertiggebracht, sich Elijahu mitzuteilen. Recha betrachtet sich kurz darauf im Spiegel. Sie stellt frauliche Veränderungen an sich fest und beginnt sich zu schminken, weil sie sich für blass hält. Sie fängt an, sich ihren kostbarsten Schmuck anzulegen sowie ihre schönsten Kleider, als Daja hereinkommt und sie fragt, was sie mache. Recha antwortet, Lea besuchen zu wollen. Sie bricht auf, trifft ihre Freundin allerdings in niedergeschlagener Stimmung an.

Das stille Leid der Frauen

Lea steht kurz vor der Geburt ihres zweiten Kindes und fürchtet sich davor, wieder keinen Jungen zu gebären, den ihr Gatte und dessen Mutter vehement von ihr einfordern. Recha versucht sie mit dem Hinweis zu trösten, dass das Wichtigste doch die Geburt eines gesunden Kindes sei und dass jedes Kind ein Geschenk Gottes wäre. Die beiden Frauen denken an die gemeinsame Kindheit mit den anderen Freundinnen zurück und an die Spiele in der Umgebung der Stadt. Alle sind gleichfalls verheiratet, nur Recha noch nicht. Recha bricht schließlich auf; eigentlich hatte sie mit Lea über ihre Gefühle für den Templer reden wollen. Sie beeilt sich, schnell wieder heimzukehren.

Sittah (9. Kapitel)

Sittah überlegt

Sittah nimmt ein Bad, was sie gerne tut. Sie denkt daran, wie ein Fisch durch das Meer zu gleiten und wie ihr Verhältnis zu ihrem Bruder Saladin beschaffen ist. Ihr ist der Zwiespalt zwischen ihrer Rolle als liebende Schwester und der als Frau, die einem Mann widersprechen möchte, bewusst. Sie denkt zurück an den Tag, als ihr Bruder Melek eine Botschaft des englischen Königs Richard Löwenherz übermittelte. Der bot ein Friedensabkommen an, das durch die Verheiratung von Sittah und Melek mit Mitgliedern des englischen Königshauses und die Aufteilung Palästinas abgesichert werden soll.

Schwierige Friedensverhandlungen

Die Botschaft Richards wurde skeptisch aufgenommen, zumal Richard in einem Brief zuvor auf dem Besitz Jerusalems und des Heiligen Kreuzes bestanden hatte. Dass er sich nun über den Bruder Saladins an Saladin wandte, wurde als List interpretiert. Sittah war der Gedanke an eine Heirat mit einem Engländer unerträglich und sie hatte sich diesbezüglich an Saladin gewandt. Saladin schickte eine Antwort an Richard und es wurde der Besuch eines englischen Gesandten angekündigt.

Am Tag des Empfangs dieses Botschafters wird nun jeder Aufwand betrieben, um den Gesandten würdig zu empfangen. Sittah beendet ihr Bad und lässt sich entsprechend einkleiden. Sie denkt an die oftmals schwierige Beziehung zwischen Geschwistern sowie an die Vorbereitung auf die Rolle als Mann oder Frau in der Erziehung. In ihrem Fall waren die Erziehung und die Bildung die denkbar besten. Nach dem Tod ihres Mannes kam sie zu Saladin an den Hof und schnell wurde ihre ohnehin gute geschwisterliche Bindung enger. Nur zu Assad, den Sittah nicht kennenlernte, hegte Saladin eine tiefere Zuneigung. Die Beziehung zu ihrem Bruder Melek hingegen ist durch Rivalität belastet. Nach diesen Überlegungen betritt Sittah den Empfangssaal, taxiert die Anwesenden und schätzt deren Einstellungen ein.

■ Sittahs Jugend

Als der englische Gesandte erscheint, ist die Anspannung zu spüren. Richard ist gefürchtet und daher ist das Interesse hoch, den Frieden zu wahren. Der Gesandte überreicht kostbare Geschenke und trägt seine Botschaft vor, die erkennen lässt, dass alle Heiratspläne an den religiösen Differenzen scheitern werden; die Formulierungen empören die Anwesenden. Saladin bewahrt die Fassung und vertröstet den Gesandten; er werde bald seine Antwort wissen lassen. Im Anschluss wird heftig diskutiert, was zu tun sei. Das mühsam aufgebaute Vertrauen ist erschüttert.

■ Spannungen

Die Hardliner am Hof wie der Hauptmann Abu Hassan fordern, alsbald militärisch zuzuschlagen. Al-Hafi verweist auf die Kosten für einen Krieg, die wegen der fehlenden Geldmittel nicht gedeckt sind. Die Idee, das Geld von den reichen Juden zu kassieren, kommt auf.

Saladin braucht Geld

Abu Hassan (10. Kapitel)

Der aus einer Offiziersfamilie stammende Abu Hassan versteht sich als Kämpfer Allahs. Seinen Dienst für Saladin übt er nur widerwillig aus, da er mit dessen politisch-militärischen Entscheidungen längst nicht mehr einverstanden ist und sich Saladins Ablösung durch einen anderen Herrscher wünscht. Doch muss er mit seinen gefährlichen Einstellungen vorsichtig sein. Er wirft Saladin insgeheim vor, nicht genug zum Ruhme Allahs und des Islam beizutragen. Saladins Bereitschaft, mit seinen Feinden Frieden zu schließen, ist Abu Hassan ein Dorn im Auge. Die Ansiedlung von Juden ist ihm, der die Juden und andere Religionen hasst, ein Gräuel. Seine fanatische Ideologie meint Abu Hassan mit Zitaten aus dem Koran belegen zu können. Er denkt zurück an den erfolgreichen Feldzug Saladins gegen die Christen, der die Rückeroberung weiter Teile Palästinas und schließlich Jerusalems einbrachte. Die vernichtende Niederlage der Kreuzfahrer in der Schlacht von Hittin im Jahr 1187 habe Saladin nicht ausgenutzt, um die Christen vollständig zu vertilgen, sondern den Unterlege-

Erbarmungsloser Hass

nen Schutz und Angebote gemacht, die Abu Hassan nicht im Geringsten gutheißen kann. In Saladins Bruder Melek sieht er den kommenden Mann, doch gilt es vorsichtig zu sein.

Der Tempelritter (11. Kapitel)

Der Templer ist erschüttert

Curd von Stauffen ist innerlich erschüttert. Seit dem Abendessen mit Nathan bekommt er Recha nicht mehr aus dem Sinn und denkt an die Ehe, was seinem Keuschheitsgelübde widerspricht. Während er Pilgern hilft, die heiligen Orte Jerusalems zu besuchen, kreisen seine Gedanken um seine Vergangenheit und seine eigentlichen Aufgaben als Templer sowie seine Sehnsucht nach Recha. Er denkt daran, wie unwohl er sich in seiner Kindheit fühlte, weil sein Vater Konrad von Stauffen ihn lieblos behandelte trotz der vorzüglichen Ausbildung, die er ihm angedeihen ließ. Er erlernte die ritterlichen Künste sowie die Grundlagen der Wissenschaften und einige Sprachen, erfuhr aber von Beginn an eine eigentümliche Geringschätzung trotz tadelloser Leistungen. Eines Tages teilte ihm Konrad von Stauffen mit, dass er nur sein Ziehvater sei, er selbst nicht Curd von Stauffen sei, eigentlich aus einem bedeutungslosen Geschlecht stamme und Leu von Filnek heiße.

Identitätskrise Curd von Stauffens

Danach wollte der junge Mann nur noch weg von der Heimatburg. Als er von den Aufrufen zum Kreuzzug erfuhr, die den Lohn des Himmels versprachen, ergriff er die Gelegenheit, unter Kaiser Barbarossa nach Jerusalem aufzubrechen. Der Tod des

Kaisers auf dem Weg war für alle eine Katastrophe, doch hielt man durch. Der Tempelritter vermisst in seiner Niedergeschlagenheit seinen toten Freund, als ihm plötzlich Daja begegnet und ihn bittet, sie abends zu einem Gespräch zu treffen.

Al-Hafi (12. Kapitel)

Al-Hafi ist verzweifelt. Sittah hat ihm befohlen, Nathan an den Hof zu bringen, und Widerrede gegen die Schwester des Sultans ist undenkbar. Al-Hafi fühlt sich wie eine Schachfigur, die auf dem Feld bewegt wird. Als er Nathan den Willen des Sultans erklären will, winkt Nathan ab, verabschiedet sich und scheint voller Vertrauen in seinen Freund oder einfach nur schicksalsergeben mitzugehen. Sie werden in den Innenhof geführt, in dem Rosen aus verschiedenen Ländern wachsen. Saladin begrüßt Nathan mit der Bemerkung, dass er sich also Nathan der Weise nenne. Al-Hafi verfolgt das Geschehen voller Anspannung, zumal er im Hintergrund Sittah sitzen sieht, die aufmerksam zuhört. Nathan entgegnet, dass er selbst sich so nicht nenne. Saladin fährt fort, dass das Volk dann Nathan so nenne und er als Herrscher einen weisen Mann kennenlernen müsse. Schließlich stellt er Nathan die Frage, welche Religion die richtige sei. Al-Hafi weiß, wie gefährlich diese Frage ist, und fürchtet um das Leben seines Freundes. Nathan weicht zunächst aus, doch Saladin beharrt auf einer Antwort und gibt ihm ein wenig Bedenkzeit, solange er sich

■ Al-Hafi ist verzweifelt

■ Furcht um Nathans Leben

kurz zurückzieht. Nathan ist in dieser Zeit die Anspannung anzusehen.

Die Ringparabel

Als Saladin zurückkehrt, bittet Nathan, die komplizierte Antwort in Form einer Geschichte geben zu dürfen. Er erzählt von einem Mann, der einen kostbaren Ring besaß, der dessen Träger vor Gott und den Menschen angenehm mache. Dieser Ring sollte in der Familie immer an den vom Vater am meisten geliebten Sohn weitervererbt werden. Einmal aber hatte ein Vater drei Söhne, die er alle gleich liebhatte. Deshalb ließ er täuschende Kopien des Ringes anfertigen, sodass er jedem seiner Söhne einen Ring geben konnte. Diese stritten danach ohne Ergebnis darüber, welcher Ring der echte sei, aber das ließ sich nicht feststellen. Saladin unterbricht Nathan an dieser Stelle etwas verärgert mit dem Einwand, die Religionen würden sich durch ihre Gebräuche sehr wohl unterscheiden. Nathan antwortet, dass sie sich aber im Wichtigsten nicht unterschieden, und das sei der Glaube an einen Schöpfer und dessen Gebot, die Menschen zu lieben und Gutes zu tun. Alles andere seien Überlieferungen und Geschichten. Saladin fragt, welche Geschichte nun die wahre sei. Nathan zuckt die Schultern und entgegnet, als Jude glaube er seinen Vätern, die behaupten, ihr Ring sei der rechte, und die Gläubigen der anderen Religionen täten das Gleiche. Saladin muss nun lächeln und meint, Nathan werde nicht umsonst weise genannt. Nathan fährt mit der Erzählung fort. Die drei Söhne seien vor einen Richter gezogen. Der sagt, er könne kein Rätsel lösen, es gebe

Saladin ist fasziniert von der Parabel

keine Beweise, doch es heiße, der echte Ring mache beliebt. Wen würden also zwei Söhne am meisten lieben? Da die Söhne schwiegen, folgerte der Richter, dass womöglich kein Ring echt sei; es handle sich um Kopien zur Verschleierung des Verlusts. Doch gebe er den Rat, dass die Söhne an die Echtheit ihres Ringes glauben sollten, weil zumindest sicher sei, dass ihr Vater sie wirklich geliebt habe. Sie sollten sich bemühen, sich ihres Ringes als würdig zu erweisen, und gute Werke vollbringen. Er lade sie in tausend Jahren erneut vor den Stuhl, wenn ein weiserer Richter gefunden sei. Nathan stellt die rhetorische Frage in den Raum, ob Saladin vielleicht dieser weise Richter sei.

Der springt auf und ergreift Nathans Hand. Nathan bietet dem Sultan höflich Geld an, weil er selbst gute Geschäfte machte und um die Not der Stadt wisse. Er schulde nur noch dem Templer etwas, der seiner Tochter das Leben gerettet habe, was nur möglich gewesen sei, weil Saladin ihm zuvor großherzig das Leben schenkte, was er Saladin danke. Saladin bittet nun Nathan um seine Freundschaft. Beim Hinausgehen sagt al-Hafi, Nathan habe das Spiel gewonnen. Innerlich ist er aber noch beunruhigt, weil er weiß, dass Sittah andere Pläne hat. Nathan entgegnet, es sei kein Sieg. Er habe einen Traum, dass es eines Tages den Menschen gelingt, in Frieden den Sinn ihres Glaubens zu leben. Das sei aber vorerst nur ein Traum.

Saladin und Nathan werden Freunde

Daja (13. Kapitel)

Daja macht sich selbst schwere Vorwürfe. Sie meint, etwas Böses getan und Nathan verraten zu haben. Dabei fing der Tag wie viele zuvor an, wie sie im Rückblick meint. Sie stand auf, um auf den Markt zu gehen, was sie gerne alleine unternimmt. Sie genießt den Überfluss der Köstlichkeiten, die dort feilgeboten werden und die alle Sinne einnehmen. Als sie unerwartet dem Templer begegnete, sei der böse Geist in sie gefahren und habe ein heftiges Heimweh entfacht. Sie trat auf Curd von Stauffen zu und bat ihn, sie abends zu einem Gespräch zu treffen.

■ Dajas übereilter Entschluss

Abends schleicht sie aus dem Haus, hin- und hergerissen zwischen ihren Gefühlen für Nathan und dem Heimweh, das an ihr nagt. Sie meint, dass eine Heirat Rechas mit dem Templer, die offenbar etwas füreinander empfinden, ihr die Chance eröffnet, in ihre Heimat zurückzukehren. Der junge Mann fragt sie jedenfalls bei ihrem Eintreffen am verabredeten Ort erstaunt nach dem Grund des Gesprächs. Daja weicht zunächst aus, nutzt aber die erstbeste Gelegenheit, das Gespräch auf Recha zu lenken, sodass Curd von Stauffen fragt, ob Recha verheiratet werden soll, und schließlich stöhnt, wie gut es doch wäre, wenn sie keine Jüdin wäre. Hier deutet Daja an, dass sie es möglicherweise nicht ist, und verstößt damit gegen ein Versprechen, Rechas wahre Herkunft niemals zu verraten. Daja läuft danach abrupt fort.

■ Enthüllungen

Der Tempelritter (14. Kapitel)

Der Templer will seinen Orden verlassen

Der Templer kann nach dieser Andeutung keinen klaren Gedanken mehr fassen. Er legt sich Gründe zurecht, die ihn von seinem Ordensgelübde entbinden, sodass er mit Recha die Ehe eingehen kann. Er meint, den Ordensschwur in Unkenntnis seiner wahren Natur und Bestimmung geleistet zu haben. Zugleich macht er Nathan innerlich Vorwürfe, der, wie sein Ziehvater Konrad von Stauffen ihm gegenüber, Recha auch nicht die Wahrheit ihrer Herkunft verriet. Der Templer beschließt, sich an den Patriarchen zu wenden, der befugt ist, das Gelübde zu lösen, und der in dieser Angelegenheit Ratschläge erteilen kann.

Am nächsten Tag wird Curd von Stauffen beim Patriarchen vorstellig, der enttäuscht auf die Tatsache reagiert, dass der Tempelritter gleich seine Ablehnung zum Ausdruck bringt, Saladin in irgendeiner Hinsicht schaden zu wollen. Der Patriarch bringt Curd von Stauffen mit seiner Rhetorik und geeigneten Worten aus der Bibel in Bedrängnis. Als der Templer andeutet, dass es eine Christin geben könnte, die bei einem Juden aufgewachsen sei, reagiert der Patriarch scharf und bedrängt ihn, den Namen preiszugeben, weil der betreffende Jude einer Christin den rechten Glauben vorenthielt und den Tod verdiene. Überstürzt bricht der Templer auf und begibt sich eilig in ein Tal bei Jerusalem. Dort versucht er nachzudenken, wird aber Zeuge, wie einige Kinder einen Hund grausam zu Tode quälen. Er greift nicht ein,

Religiöser Fanatismus

weil er selbst in schwersten Gewissensqualen mit sich ringt und sich entschließt, sich an den Sultan zu wenden.

Geschem (15. Kapitel)

■ Aufbruch zur Reise

Frühmorgens wird Geschem wach und verfolgt, wie die Kamele für eine Geschäftsangelegenheit vorbereitet werden. Er sieht, wie liebevoll Recha zu einem der Tiere ist. Einer der Treiber macht eine abfällige Bemerkung darüber, dass Geschem als Muslim zum Haus gehört, als dieser auf die Frage nach seinem Namen die arabische Variante nennt und sich deswegen innerlich schämt. Ohnehin ist er noch immer unsicher, wohin er wirklich gehört und wer er eigentlich ist. Umso glücklicher ist er, dass er mitgenommen werden soll, als Elijahu ihn lobt. Der ungewohnte Kamelritt ist ermüdend, aber Geschem meistert diese Premiere gut. Sie kommen auf einem Gehöft vor Jerusalem an, wo vor allem der kostbare Balsam hergestellt wird. Ein muslimischer Junge mit dem Namen Mussa nimmt sich Geschems an und zeigt ihm alles, was wissenswert ist. Als er abends ermüdet im Bett liegt, fragt ihn Elijahu, wie es ihm geht. Geschem ist sich nach dieser liebevollen Geste sicher, dass er sich als Jude sehen kann.

■ Geschem findet seine Identität

Recha (16. Kapitel)

Recha wird von Daja liebevoll gekämmt und sie plaudern miteinander. Auf einmal teilt ihr Daja mit, den Templer getroffen zu haben. Sie spricht unverblümt aus, um die unausgesprochene Liebe der beiden zu wissen, und sagt bezüglich der Bedenken Rechas, einen anderen Glauben als der Tempelritter zu haben, dass Recha in Wirklichkeit wohl eine Christin sei und Nathan nicht ihr leiblicher Vater. Daja erzählt, dass sie als kleines Kind in die Obhut Nathans gegeben worden sei und dass sie dies von Elijahu wisse. Den Bruch des Versprechens, dies geheim zu halten, begründet Daja mit dem bohrenden Heimweh, das sie empfunden habe. Das weitere Gespräch kann Recha kaum noch verfolgen, weil sie zu aufgewühlt ist. Sie verlässt das Haus und irrt durch die Stadt. Ihr fallen viele Kinder auf, die verzweifelt arm sind und nicht wissen, wie sie über die Runden kommen sollen. Sie geht schließlich wieder heim, nachdem sie ein bettelndes Mädchen beschenkte und danach erlebte, wie weitere arme Kinder sie bedrängten. Sie trifft auf Geschem, den sie erstmals wirklich wahrnimmt, weil er glücklicher wirkt. Geschem teilt ihr mit, wie schön es für ihn sei, dass Nathan ihm einen Namen und damit eine Identität gegeben hat und Elijahu sich um ihn kümmert. Zuvor hätten ihn die Menschen behandelt, als sei er Luft. Er deutet an, dass auch Recha ihn erstmals wahrnehme, wofür sie sich entschuldigt. Allmählich kann Recha akzeptieren, dass Nathan nicht nur ihr

- Daja gesteht ihren Fehler
- Rechas Identitätskrise

Ziehvater, sondern zugleich ihr liebender Vater geworden ist.

Elijahu (17. Kapitel)

Besuch am Hofe Saladins

Elijahu fällt es schwer, die schicksalhaften Ereignisse des Tages zu erzählen. Endlich waren die Steuereinnahmen auf den Schiffen angekommen und Sittah hatte Stoffe bestellt. Nathan ordnet an, die exquisitesten Waren feilzubieten. Mit nie gesehenen Stoffen von herausragender Qualität gehen sie zum Palast; Elijahu jedoch mit unheilvollen Vorahnungen. Die Pracht dort beeindruckt ihn. Sie treffen dort auch den Templer an, von dem der Volksmund raunt, er sei der Sohn des verschollenen Assad. Mittlerweile bekennt er sich zum Namen Leu von Filnek. Elijahu beschreibt das Aussehen der Anwesenden und wie sich Sittah an den schönen Stoffen ergötzt. Alle sind einander in offensichtlicher Freundschaft zugetan. Saladin freut sich, seiner Schwester ein Geschenk machen zu können, und lässt Nathan eine hohe Summe auszahlen. Elijahu beobachtet, wie Abu Hassan dies mit finsterer Miene beobachtet und einem Mann etwas zuflüstert; er ist alarmiert. Nach dem Geschäft mit den Stoffen verlassen Elijahu und Nathan den Palast; es ist mittlerweile Nacht. Kurz vor ihrem Haus passiert das, was Elijahu befürchtete. Sie werden brutal überfallen. Während ein Mann Elijahu niederschlägt und am Boden hält, wird Nathan erstochen und entwürdigt, indem er seiner Kleider beraubt wird.

Ermordung Nathans

Mit letzter Kraft schafft es Elijahu, den Toten ins Haus zu schleppen.

Recha (18. Kapitel)

Für Recha und alle Mitglieder des Hauses ist es die dunkelste Stunde. Sie scheinen die Trauer kaum verkraften zu können, und nur mit Mühe schaffen sie es, den Traditionen gemäß den Toten zu ehren. Elijahu selbst ist lebensgefährlich erkrankt, da er die Trauer sowie den Selbstvorwurf, Nathan nicht geschützt zu haben, nicht verkraftet. Tagelang ringt der beste Arzt um sein Leben. Sie bekommen Kondolenzbesuche von allen, die sich Nathan verbunden fühlen. Leu von Filnek, der mittlerweile kein Tempelritter mehr ist, will den Tod Nathans rächen und verdächtigt den Patriarchen. Die Meinungen darüber gehen auseinander. Recha will von Rache nichts wissen, weil das Nathan nicht lebendig mache und Nathan stets von Liebe gesprochen habe. Al-Hafi berichtet von Nathans Erzählung von den drei Ringen, die für immer bleiben werde. Der Gedanke gibt allen Kraft. Als es Elijahu besser geht, erzählt er von seinem Verdacht, Abu Hassan könne hinter dem Mord stecken. Da es aber Nacht war, ist der letzte Beweis nicht möglich.

■ Tiefe Verzweiflung

Die Trauer und das Andenken schweißen die Familie eng zusammen. Nathan hat Sorge dafür getragen, dass sie ihr Auskommen haben, sie erfahren viel Hilfe von Freunden. Recha beschreibt, wie sie sich mit Nathan ausgesprochen hat und er ihr sagte, dass sie

■ Nathans Ideale verbinden

für ihn wie ein leibliches Kind sei; auch Recha nennt Nathan wieder ihren Vater. Leu von Filnek erzählt Recha ebenfalls von seiner Vergangenheit, zwischen beiden deutet sich für die Zukunft eine Ehe an. Der Roman schließt mit der Entscheidung, Nathans Erbe zu achten, auf Rache zu verzichten und miteinander als Familie zu leben. Die Hoffnung auf den kommenden Regen deutet einen positiven Abschluss an.

Trost durch Nathans Werte

3. Figuren

Mirjam Pressler schreibt in der »Nachbemerkung«, dass Lessings *Nathan der Weise* heutzutage schwer lesbar sei (S. 250). Sie habe sich entschlossen, zusätzliche Figuren einzuführen und die Figuren in eine soziale Wirklichkeit einzubetten und ihren möglichen Alltag zu beschreiben (S. 250). Selbst mit den zusätzlichen Figuren bleibt das Figurenensemble insgesamt übersichtlich. Es werden nur einige Namen genannt und somit bleibt die Orientierung der Leserschaft in der Handlung ohne große Hürden. In der Betrachtung der Figuren wird ihre exemplarische Bedeutung für den Anspruch deutlich, die wesentlichen Gesellschaftsschichten der damaligen Zeit zu umspannen, von Arm bis Reich und vom einfachen Volk bis zur politischen Elite. Die noch zu erläuternde Botschaft des Romans bzw. auch seiner Vorlage (Lessings Drama), dass Toleranz und Nächstenliebe das feste Fundament für eine lebenswerte Gesellschaft abgeben, verlangt ja auch die Mitwirkung aller, sodass die Entscheidung Presslers, die Figurenwelt Lessings behutsam zu erweitern, gute Gründe hat. Die Charakterisierung der Figuren ergibt sich durch den laufenden Perspektivwechsel der erzählenden Figuren. Erwähnenswert ist, dass Nathan selbst keines der 18 Kapitel aus seiner Sicht erzählt, aber stets eine zentrale Rolle spielt.

■ Presslers Nachbemerkung

■ Perspektivwechsel und Charakterisierung

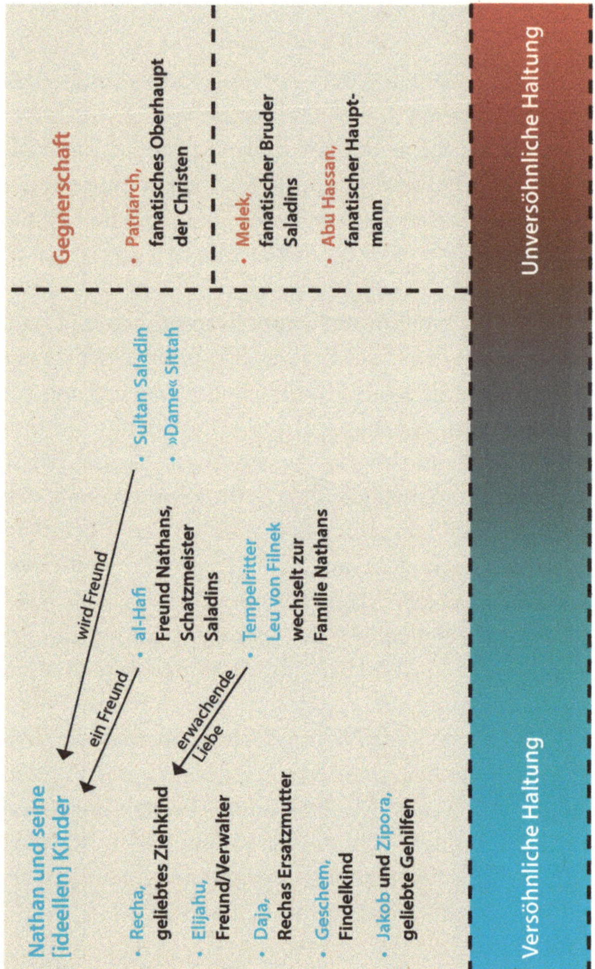

Abb. 2: Figurenkonstellation

Nathan

Der jüdische Kaufmann ist ein betagter Mann, der alle Höhen und Tiefen des Lebens kennenlernte. Sein Alter ist nicht genau auszumachen. Im Jahr der Handlung 1192 liegt ein schwerer Schicksalsschlag »[b]ald achtzehn Jahre« (S. 45) zurück, der Nathan seine Frau und seine sieben Söhne nahm, was neben seinem »ergrauenden Bart« (S. 37) auf ein fortgeschrittenes Alter schließen lässt. Allerdings ist er noch rüstig und kann an beschwerlichen Geschäftsreisen selbst teilnehmen (»Die Reise war lang gewesen, sie hatte sich über viele Wochen erstreckt, unsere Kräfte erschöpft«, S. 41). Die furchtbare Erfahrung in der Vergangenheit hat ihn jedoch verändert: »Seine Haare waren grau geworden und seine ehemals kräftige Gestalt war so knochig wie die eines Wüstenbewohners« (S. 48). Diese Veränderung betrifft auch seinen Charakter sowie seine Ansichten, wie zu zeigen ist.

Erste Eindrücke

Nathan, den man in Jerusalem »Nathan der Weise« nennt (S. 55, 156) und gerne um Ratschläge ersucht, ist ein gebildeter Mann, der viele Sprachen spricht wie Deutsch, Französisch, Italienisch oder Arabisch (S. 38). Diese Lernfähigkeit allein spricht neben dem dafür nötigen Verstand auch für Weltoffenheit. So hat er sich Daja offenbar gezielt für die Betreuung Rechas ausgesucht, um Recha von Beginn an mit anderen Sprachen und Kultureinflüssen aufwachsen zu lassen, wie die erste Begegnung der beiden schlussfolgern lässt und Daja rückblickend bestätigt (»die Bildung

Klug und gebildet

seiner Tochter lag ihm schon immer am Herzen«, S. 38). Seine Intelligenz dürfte ihm auch für seine erfolgreichen Kaufmannsgeschäfte und internationalen Handelsbeziehungen von Nutzen sein, auch wenn er dies im Gespräch mit al-Hafi als tiefgläubiger Mann als das Resultat des Willens Gottes herunterspielt (»Gott hat es gewollt, dass mir jeder Handel zum Nutzen geriet«, S. 15). Dieser Handel ist vielseitig und scheint sich auf besonders lukrative Güter wie Olivenöl, kostbare Stoffe, Gewürze, Balsam oder Weihrauch zu konzentrieren (S. 15, 41). Mit erkennbarem Stolz präsentiert Nathan die Ergebnisse seiner Anstrengungen, wie beispielsweise die erlesenen Stoffe der Auftragsarbeiten für Sittah (S. 219).

Erfolgreicher Geschäftsmann

Eigentlich kommt Nathan aus Gath, wo er ein Haus hatte, verheiratet und der Vater von sieben Söhnen war (S. 45). Nach einer Niederlage hatten jedoch frustrierte Kreuzfahrer in einer Racheaktion an der Zivilbevölkerung das Dorf überfallen und dabei auch seine Familie verbrannt. Dieses unvorstellbare Leid stürzte Nathan in eine Krise, die mehrere Phasen durchlief. Zuerst schrie er unmenschlich, tobte und musste davon abgehalten werden, sich selbst zu töten (S. 45). Als er Näheres über die Täter erfuhr, mussten mehrere Männer den Tobenden über Stunden festhalten, damit er sich nicht auf den nächsten Christen stürzte, um ihn umzubringen. Er »schwor ihnen ewigen, unversöhnlichen Hass und blutige Rache« (S. 46). Die nächste Phase in der Zeit der rituellen siebentägigen Trauer, in der er mithilfe ärztlicher Betreuung beru-

Der Schicksalsschlag

higt wurde, starrte er nur völlig apathisch vor sich hin (S. 47). Nach der rituellen Trauerzeit wurde ihm dann von einem Klosterbruder Recha gebracht. Das veränderte ihn völlig. Er interpretierte dies als Zeichen göttlicher Gnade (»Gott hat mir eines für sieben gegeben«, S. 48) und weinte vor Glück.

Dieses Ereignis dürfte ihn auch von allen negativen Einstellungen befreit haben (»das höchste Ziel der Menschen muss die Vernunft sein«, S. 48), wobei es scheint, dass es tief in seinem Inneren eine ganz persönliche Auseinandersetzung mit Gott wegen seiner Schicksalsschläge gibt, in die niemand Einblick erhält: »›Dieses Leid gehört mir‹, sagte er, ›nur mir allein. Es steht zwischen mir und meinem Gott‹« (S. 52). Die Ähnlichkeit mit dem biblischen Hiob ist augenfällig.

■ Einsicht durch Leid

In der Folgezeit ist er nicht nur ein hingebungsvoller Vater, der in beachtlicher Schnelligkeit ein neues Leben in Jerusalem aufbaut (S. 48), sondern sich allgemein bemüht, bedürftigen Menschen Gutes zu tun. Damit macht er sich eine praktische Lebensphilosophie der gelebten Nächstenliebe zum Lebensinhalt, deren Umsetzung er in seinem Haus lehrt. So nimmt er Daja auf, als sie am Tiefpunkt ihres Lebens ist (S. 37), und lobt seinen Freund und Verwalter Elijahu ausdrücklich, weil er von sich aus den Straßenjungen Geschem ins Haus holte (S. 21, 49) und vor einem elenden Leben bewahrte. Dass seine Nächstenliebe keine Vorurteile in der durch die Kreuzzüge vergifteten Atmosphäre kennt, machen seine Freundschaft mit dem Muslim al-Hafi und seine freundlichen Umgangsfor-

■ Gelebte Nächstenliebe

men (vgl. Kapitel ›Geschem‹, S. 191–202) deutlich. Seine philanthropischen Ansichten gehen mit einem großen Erfahrungsschatz über die Menschen einher. Er weiß, wie bedeutsam es für den Halt eines jeden ist, einen Namen und eine Aufgabe zu haben. Sein Interesse an Geschem und seinem Schicksal (S. 52 f.) ist nicht oberflächlich, und in einem persönlichen Gespräch mit dem Jungen erklärt er, dass Menschen einen Namen bräuchten (S. 22).

Die Bedeutung eines Namens

Die Namensgebung Geschems – im Grunde eine informelle Taufe – macht den Jungen zu einem Kind Nathans, sodass sich der Titel des Romans auch hier erklärt. Damit geht der Appell an Elijahu einher, sich Geschems anzunehmen und diesen zu fördern, weil er annimmt, es könne Gottes Wunsch sein, sein Schicksal zum Besseren zu wenden (S. 53). Es fügt sich, dass Nathan das Schicksal Geschems, eine Waise zu sein, mit Elijahus Kinderlosigkeit in Verbindung bringt.

Essenz seiner Philosophie

Nathan glaubt zudem, dass »wir alle Abrahams Kinder« (S. 54) seien, womit alle durch Religion, Politik oder familiäre Herkunft bedingten Bindungen letztlich einer übergeordneten Annahme unterliegen, die Grenzziehungen zwischen den Menschen aufhebt. Das oberste Gebot seiner Philosophie läuft auf die Essenz hinaus, »die Menschen zu lieben und Gutes zu tun« (S. 162). Aus diesem Grund stellt er sein Vermögen auch denen zur Verfügung, die in Geldnot sind und die potentiell mit seinem Geld Gutes anzustellen wüssten – wie Saladin. Besonders markant dürften die Einstellung Nathans sowie seine Klugheit durch die Ringparabel zum Ausdruck kommen, die in einer Situation der höchsten Anspannung und Gefahr vorgetragen wird. Ein weiteres Anzeichen seiner Wertvorstellungen dürfte die Selbstbeherrschung sein, mit der er auch kränkende Momente wegsteckt. Als der Tempelritter bei ihrer ersten persönlichen Begegnung die antijüdischen Einstellungen vieler Christen verbal und körpersprachlich zeigt, bleibt er besonnen in einer Situation, in der andere laut werden würden: »Er hatte leise gesprochen, mit der unterdrückten Stimme, die ich so gut kenne. So spricht er, wenn er um sein inneres Gleichgewicht kämpft. Wenn er der Vernunft zum Sieg über seine Gefühle verhelfen will« (S. 103).

Recha

Recha ist eine etwa 18-jährige junge Frau, die Nathan als Säugling mit der Bitte um seine Fürsorge gebracht wurde, was ihm wie erwähnt in seiner Trauer zum Trost wurde (S. 47 f.). Sie ist zu einer »blühenden« Schönheit herangereift (S. 28), die den Sitten der Zeit entsprechend wie ihre Freundinnen bereits hätte verheiratet sein müssen (»Nathan hätte sie schon längst verheiraten sollen«, S. 28). Ihre Selbstbeschreibung im Spiegel zeigt ein makelloses Aussehen mit blaugrauen Augen, einer geraden Nase, vollen Lippen, rötlichen Haaren und einer hellen Haut (S. 112), was äußerlich nicht recht zur allgemeinen Auffassung mancher in

■ Eine kluge Schönheit

der Stadt passen will, dass sie die Tochter Nathans ist. Ihre Erziehung ist exzellent und von Nathan sorgsam überwacht. Sie spricht mehrere Sprachen, unter anderem auch dank ihrer Betreuerin Daja Deutsch, kann lesen und schreiben und ist auch in anderen Fächern bewandert. Ihre Klugheit spielt ihr auch bei der Einschätzung in die Hände, dass es in der Ehe ihrer Freundin Lea nicht zum Besten steht. Die Gründe dafür erahnt sie schnell (S. 58 f.) und versucht später ihre Freundin zu trösten (S. 117).

Übernimmt Nathans Werte

Der von Nächstenliebe und dem Glauben an die Vernunft geprägte Wertekanon Nathans spiegelt sich in ihr erwartungsgemäß wider, wie ihre Unterstützung Leas zeigt (S. 117). Sie beweist es besonders bei der schmerzlichsten Erfahrung, die ein Mensch sammeln muss. Als ihr Vater Nathan tot ist und alle wissen wollen, wer die Mörder sind und von Rache die Rede ist, fährt sie lautstark dazwischen, sodass sie alle erschrocken ansehen, und sagt, dass ihr Vater nie vom Gott der Rache gesprochen habe, sondern »nur vom Gott der Liebe« (S. 237). Im Gespräch mit al-Hafi ist sie sich sicher, eines Tages einen Sohn zu bekommen. »Ich werde ihn Nathan nennen, und ich werde ihn lehren, dass es nichts Größeres auf dieser Welt gibt als Liebe und Barmherzigkeit.« (S. 243) Recha kann also nach der Schocknachricht und der damit verbundenen Trauer (»ich schrie und schrie«, S. 231) schnell wieder ihre Fassung zurückgewinnen und beweist Reife im Umgang mit dieser existentiellen Erfahrung. In die Betrachtungen gehört aber auch die Tatsache, dass sie nicht immer eine glückliche Hand im Umgang mit anderen Menschen beweist. Geschem teilt ihr nicht ohne Verbitterung mit, dass sie zwei Jahre lang im eigenen Haus an ihm vorbeigegangen ist, ohne mit ihm zu sprechen, und dass sich dies erst mit Nathans Entscheidung, ihm einen Namen zu geben, geändert habe (»Auch du hättest vorher nicht mit mir gesprochen«, S. 216). Dass sie sich dafür gleich entschuldigt, spricht freilich für sie.

Ihre behütete Kindheit und Jugend werden zuvor auf zweierlei Weise auf die Probe gestellt. Zunächst einmal durch den Brand und die Begegnung mit dem Tempelritter. Das gute Aussehen ihres Retters aus der Todesgefahr lässt die junge Frau erstmals die Liebe zu einem Mann erleben, den sie wegen seines besagten Äußeren ein wenig naiv zunächst für einen Engel hält. Was ihr selbst noch fremd ist, ist für Daja offensichtlich, als sie sieht, wie Recha beim Abendessen mit dem Templer leidet (»Es hatte sie gepackt, jenes Gefühl, das mich einst zu Gisbert getrieben hatte, das ein Weib zum Mann treibt«, S. 108). Sie fängt an, andauernd von ihm zu träumen und sich für ihn zu schminken (S. 113). Begegnungen mit ihm fangen an, sie zunehmend zu überfordern. Mit dem Tod ihres Vaters ändert sich das, weil das Ereignis sie reifen lässt (»Du irrst dich, Daja, ich bin kein junges Mädchen mehr, ich bin eine erwachsene Frau«, S. 243). Es spricht einiges dafür, dass sie sich Zeit mit der Entscheidung nimmt, Leu von Filnek zu ehelichen, aber der Abschluss des Romans legt eine Heirat nahe (»Ich schau-

Harte Proben

Vermutliche Eheschließung

te ihm lange nach [...]. Und ich hörte die Stimme meines Vaters: ›Lass dir Zeit, meine Tochter, lass dir Zeit‹«, S. 247).

Die zweite Erschütterung ist die Nachricht, dass Nathan gar nicht ihr Vater ist. Diese Enthüllung stürzt sie in eine schwere Orientierungskrise (»Fünf Worte, die mir zeigten, dass nicht nur der Mensch zerbrechlich ist, sondern auch seine Welt«, S. 203) und höhlt vorübergehend sogar ihr Vertrauen in Nathan aus, weil sie sich belogen fühlt (S. 209). Sogar ihre Liebe zu Leu von Filnek wird erschüttert, weil sie ihm innerlich vorwirft, seine Liebe an religiöse Vorbehalte zu knüpfen (»was war seine Liebe wert, wenn sie davon abhing, welche Religion ich hatte?«, S. 211). Als sie aber nach ihrem verzweifelten Rückzug in die Einsamkeit der Umgebung Jerusalems zurückkehrt und beim Gang durch die Stadt mit dem Elend vieler Straßenkinder konfrontiert wird, kehren mit den Gedanken an Nathans Barmherzigkeit (S. 212) sowie an die von ihm an den Tag gelegte Verantwortungsbereitschaft, sich ihrer als Ziehvater ohne zu zögern anzunehmen, ihre Gefühle zurück. Das Gespräch mit Geschem heilt sie von ihren Zweifeln und sie kann Nathan wieder als ihren Vater sehen (»meinen Vater«, S. 217). Die persönliche Aussprache zwischen den beiden bestärkt das innige Band, sodass sie Leu von Filnek, der ja selbst nicht weiß, wer sein wirklicher Vater war, mitteilen kann: »Und glaube mir, die Liebe ist ein starkes Band, manchmal noch stärker als Blut« (S. 246).

■ Identitätskrise Rechas

■ Voraussetzung für familiäre Geborgenheit

Daja

Daja ist Rechas Gesellschafterin. Über ihr Aussehen und ihr Alter ist kaum etwas zu erfahren. Sie hat früh ihre Eltern verloren und wuchs in Gunzenhausen bei ihrer Großmutter in ärmlichen Verhältnissen (S. 25) auf. Glücklich ist ihre Kindheit nicht, denn die Großmutter neigt zur religiösen Eiferei und redet der Kleinen permanent ein schlechtes Gewissen ein (»Daran ist dein Gewissen schuld«, S. 27), gegen das nur Gebet und Arbeit helfen. Als Kreuzfahrer in der Nähe des Dorfes rasteten, für die Teilnahme warben und sie dabei ihre erste große Liebe Gisbert traf (S. 29 f.), nutzte sie diese Gelegenheit, um der Großmutter zu entfliehen. Die Hoffnungen auf Abenteuer und religiöse Erfüllung hatten sich schnell zerschlagen, wie in der Inhaltszusammenfassung (vgl. 2. Kapitel hier) beschrieben ist.

■ Eine unschöne Kindheit

Nathans Angebot, sich um Recha zu kümmern und im Gegenzug sorgenfrei zu leben (»Ich bekam ein Zimmer für mich allein, wie eine feine Dame«, S. 39), war für sie wie ein Geschenk des Himmels. Sie liebt Recha über alles, wie ihre Reaktion beim Brand nahelegt, und Nathan ebenfalls, dem sie offensichtlich auch zur heimlichen Geliebten wurde (»Und als er mich später ab und zu in der Nacht zu sich rief«, S. 39). Daja scheint auch einen resoluten Charakter zu haben, sodass sie – in der damaligen Zeit sicher unüblich – dem Templer über den Mund fährt, als der sich bei der ersten Begegnung mit Nathan abfällig äußert. Sie maßregelt ihn wie

■ Wie ein neues Leben

einen Schuljungen, wobei auch die Erinnerungen an die Großmutter eine Rolle spielen (»Zorn auf jene eifernde, selbstgerechte Frömmigkeit, die mir meine Kindheit und Jugend verbittert hatte«, S. 103).

Ein vorübergehender Anfall von Heimweh bringt sie dazu, ihr versprochenes Stillschweigen zu brechen und das Geheimnis von Rechas Herkunft auszuplaudern. Die Belastung des Verhältnisses zwischen ihr und Recha ist nicht von Dauer (S. 243). Der Tod Nathans trägt eher dazu bei, dass alle zusammenhalten und in seinem Geist das Erbe wahren.

Krise und Halt

Elijahu

Freund und Verwalter

Der Verwalter und Freund Nathans ist wie Nathan ein betagter Mann. Er kommt aus derselben Heimatstadt Gath (S. 43) und ist Nathan seit 18 Jahren ein Freund und Verwalter seiner Besitzungen (S. 41). Seine Verbundenheit mit Nathan geht weit über Freundschaft hinaus. So weiß er um die kaum zu beschreibenden Narben in der Seele Nathans, die der Verlust seiner Familie schlug, und die Folgen, die der Verlust Rechas für ihn bedeuten würden (»so hatte er damals ausgesehen, als er vor den Trümmern seines Hauses gestanden hatte, Nathan, mein Herr und Bruder«, S. 43). Nathan vertraut seinem Freund und Verwalter unbedingt, sodass dieser eigenständige Entscheidungen treffen kann, über die er nicht weiter Rechenschaft schuldig ist. Ein Beispiel dürfte Elijahus Entschluss sein, Geschem aufzunehmen.

Elijahu hat Freude an Gerüchen und Gewürzen (»Diese Arbeit ist mir lieber als jede andere, sie beruhigt und tröstet mich«, S. 48). Seine feine Nase ist erheblich am Erfolg der Geschäfte Nathans beteiligt, wie Nathan weiß (»Deshalb ist es schon immer meine vornehmste Aufgabe, die Essenzen zu prüfen und ihren Wert zu bestimmen«, S. 49). Seine Feinfühligkeit für Nuancen ist keinesfalls auf die Welt der Düfte beschränkt. Im Umgang mit Menschen ist sein Gespür für Stimmungen mindestens von gleicher Güte. So verschafft er Geschem etwas Ruhe, als der sie nötig hat, und schenkt dem Jungen das Lächeln, das dieser so sehr liebt (»dieses gutmütige Lächeln«, S. 18).

■ Ein feinfühliger Mann

Der kinderlose und unverheiratete Mann nimmt sich Geschems auf Nathans Geheiß an, so wie es Nathan bei Recha tat. Am Anfang macht er das mit innerem Widerstreben (»voller Widerstreben«, S. 53), aber dann sieht er vor dem Hintergrund von Nathans Philosophie und auch seiner Überzeugungen den Sinn seiner neuen Rolle (»Das Rad der Zeit dreht sich, so ist der Lauf der Welt. Mal wird einem eine Hand hingehalten, ein andermal streckt man selbst die Hand aus«, S. 54). Er schenkt dem Jungen Aufmerksamkeit und Geborgenheit (»Der Junge, der früher in der Küche geholfen hat, steht nun unter Elijahus Schutz, er folgt ihm wie ein Hündchen seinem Herrn und hat sogar sein Nachtlager neben Elijahu zugewiesen bekommen«, S. 100). Zwischen beiden wächst ein inniges Band und Elijahu wird sein väterlicher Lehrer (S. 100). Schon bald bildet er ihn aus, als wäre er sein Stellvertreter (S. 191–202).

■ Ersatzvater im Sinne Nathans

Den Mord an Nathan hat er erahnt, als er Abu Hassan im Palast beobachtete. Als der Überfall erfolgt, ist er in seinem Alter gegen die Überzahl wehrlos. Er macht sich selbst Vorwürfe, nicht genug getan zu haben (S. 227, 241) und erkrankt wegen seines Leids und der Trauer lebensbedrohlich. Aber auch für ihn ist es am Ende tröstlich, bei Recha zu bleiben (»Sein großes Herz hat uns zu einer Familie gemacht«, S. 241).

Nathans Werte leben weiter

Geschem

Recha fällt spät auf, dass er ein hübscher Knabe mit schönen Augen, runden Wangen und vollem Mund ist; der erste Bartwuchs deutet sich an (S. 216). Er wurde von Elijahu in einem erbärmlichen Zustand auf der Straße aufgelesen und lebt seit zwei Jahren im Hause Nathans. Geschems Herkunft ist unbekannt; er weiß selbst nichts zu sagen (»Sein Gedächtnis ist leer«, S. 51). Die Verbrennungsnarben an Schulter und Bein lassen auf »Schreckliches« (S. 50) schließen, wie Elijahu meint. Ein Bein ist seitdem auch so verletzt, dass es nicht belastbar ist. Der Junge leidet darunter und kommt sich zunächst als wertloser Krüppel vor (»Ich war ein Nichts, nur ein armseliger Schwächling«, S. 12), der überdies auch seine kulturelle Identität nicht kennt, seinen Namen nicht weiß und sich vollständig entwurzelt fühlt (»Ich habe keine Familie und keinen Namen. Ich weiß nicht, wer ich bin«, S. 20).

Namenloses Findelkind

Dieses Manko behebt Nathan, indem er ihm einen Namen gibt und Elijahu gewissermaßen zum Ersatzvater macht. Das wirkt sich positiv auf Geschem aus; er blüht innerlich auf (S. 100). Allerdings ist er noch eine Weile unschlüssig, ob er Jude oder Muslim ist. Seine Dankbarkeit Nathan gegenüber kann dieses Gefühl nicht überdecken (S. 192). Erst seine erste Handelsreise gibt ihm die Kraft, sich als Jude zu fühlen und glücklich in der neuen Aufgabe zu werden (S. 202). Dass er im Grunde ein aufgeweckter Junge ist, belegt das schnelle Lerntempo, mit dem er Elijahus Unterweisungen aufnimmt und sich als Lehrling und potentieller Stellvertreter empfiehlt (»Er stellt sich gut an und scheint eine feine Nase zu haben, ich bin wirklich sehr zufrieden mit ihm«, S. 193).

■ Ausweg aus der Identitätskrise

Saladin

Sultan Saladin erscheint im Roman in mancher Hinsicht durch Gegensätze gekennzeichnet. Der mächtigste Mann der Region ist »nicht sehr groß und eher schmächtig«, aber er hält »sich sehr gerade und strahlte Kraft aus« (S. 221), wie ihn Elijahu beschreibt und damit die Wahrnehmung des Templers bestätigt, der überdies einen kurzen, regelmäßig geschnittenen Bart sowie ein ernstes, nachdenkliches Gesicht ausmacht (S. 71). Seine Haare werden langsam grau (S. 96), was bei einem Mann in den Fünfzigern nicht verwundert (der historische Saladin ist wohl 1137/1138 geboren worden). Zur Legende machte Saladin der glänzende Sieg in der Schlacht von Hittin (oder Hattin) 1187, in deren Zug die Eroberung weiter Teile Palästinas ge-

■ Ein rätselhafter Herrscher

lang sowie die Einnahme Jerusalems. Der Templer beschreibt diese vernichtende Niederlage (S. 70) und Abu Hassan wiederum den Sieg (S. 136–143) mit den aus seiner Sicht verspielten Chancen. Über die Kritik Abu Hassans wird die Politik Saladins deutlich, die darauf abzielt, die Menschen der drei Religionen nicht in einen gegenseitigen Ausrottungskampf zu stürzen, sondern ein Auskommen zu arrangieren. Dass Saladin im wahrsten Sinne des Wortes auch Köpfe rollen lässt und damit seinen eigentümlich widersprüchlichen Ruf festigt, wird mit der Hinrichtung der Kriegsgefangenen bis auf den Templer nachvollziehbar. Seine gefährliche Unberechenbarkeit ist es jedenfalls, die Nathan und al-Hafi das Schlimmste befürchten lässt, als sie zu ihm gerufen werden.

■ Widersprüche in der Politik Saladins

Mit dem verschollenen und von Saladin über alles geliebten älteren Bruder Assad, Sittah und Melek werden die Geschwister vorgestellt. Während die Bindung zu Sittah innig und aufrichtig ist, wahrt Saladin zu Melek eine gewisse höfliche Distanziertheit (»er war ihm zu intrigant und zu ehrgeizig«, S. 122). Im Karussell der politischen Macht setzt Saladin auf Leute seines unbedingten Vertrauens. Dazu gehört auch al-Hafi, der Vetter, der zugleich mit Nathan befreundet ist und damit beiläufig das wünschenswerte Auskommen der Religionen zum Ausdruck bringt. Das nachdenkliche Gesicht Saladins lässt auf einen klugen Kopf schließen, was einerseits mit den diplomatischen Bemühungen Saladins bewiesen wird, die Sittah ab S. 120 beschreibt, besonders aber durch seine Begeis-

■ Klug und einsichtsvoll

terung für intellektuelle Glanzleistungen. Und die bekommt er mit der Ringparabel Nathans geboten und reagiert begeistert (»Ich sah, wie er aufsprang, wie er Nathans Hand ergriff und nicht mehr losließ«, S. 164). In der Figur Saladins wird somit gezeigt, dass ein Ausgleich der Religionen möglich ist, wenn der Wille dazu bis in die Politik reicht.

Aussöhnung ist möglich

Sittah

Die Schwester Saladins ist im besten Alter, nicht einmal halb so alt wie Saladin und von ausnehmender Schönheit, wie al-Hafi im Bewusstsein der Gefahr feststellt, die es bedeutet, das überhaupt zu bemerken (S. 96). Ihr exquisiter Geschmack setzt das umso mehr in Szene. Sie verfügt über einen außerordentlich klugen Kopf, den sie einer hervorragenden Erziehung und Bildung durch die Lieblingssklavin der Mutter verdankt, die die Tochter eines Gelehrten war (S. 125). Sie wurde verheiratet und kam nach dem frühen Tod ihres Mannes, einem Offizier, vier Jahre vor den Ereignissen an den Hof, was die Bindung zu Saladin nur stärkte (S. 126). Al-Hafi sieht in ihr innerhalb der von ihm so geliebten Schachmetapher die Dame des Hofes, der neben dem König bekanntermaßen wichtigste Figur im Spiel. Im Umgang mit ihr lässt er folglich stets Vorsicht walten (»Sie strich sich das Kleid glatt, die Dame, und machte den Schachzug, den ich insgeheim befürchtet hatte«, S. 98; »ich kannte sie inzwischen gut genug, meine kluge Kusine, und wusste um ihre ausgeklügelten Berechnungen«, S. 156). Tatsächlich versteht sie ihren Einfluss sowie ihren Verstand weidlich einzusetzen und ihr Bruder weiß das zu schätzen (»ich brauche dich hier, in meiner Nähe«, S. 124). Es steht zu vermuten, dass sie mit Nathans Vorladung an den Hof nichts Gutes für Nathan bezweckt bzw. auf ihre Weise machtpolitische Interessen im Sinne ihres Bruders Saladin verfolgt. Allein, Nathans überragender Auftritt mit der Ringparabel wendet das Blatt und Saladin entscheidet sich für den Mann, der sogar ihm etwas Lehrreiches anzubieten hat.

Die einflussreiche Dame

Al-Hafi

Der Vetter Saladins und enge Freund Nathans dürfte in etwa das Alter Saladins haben (S. 96). In jungen Jahren verließ er seine Heimatstadt Tikrit (S. 90) und gab sich seinen Eingebungen hin, die sanftmütiger waren als die der anderen in seiner Familie. Er wurde ein Derwisch und zog schließlich nach Jerusalem, wo er als Schatzmeister Saladins tätig wurde. Der Gegensatz zwischen beiden ist nicht nur äußerlich wahrnehmbar. Der eher schmächtige Saladin hat das Herz eines Falken, während al-Hafi kräftig gebaut ist (»wie Goliath«, S. 221) und das Herz einer Taube besitzt, wie er selbst meint (S. 93). Der weise Mann hat eine Vorliebe für das Schachspiel, das er gerne mit Nathan spielt. Die Erfahrungen am Hof sowie des Lebens geben ihm den Anlass, die menschliche Existenz mit dem Schach zu vergleichen. »Das Leben ist wie ein

Geistig und körperlich groß

Abb. 3: Schach als historische Metapher für die Politik, mittelalterliche Darstellung – © picture alliance / CPA Media Co. Ltd

Schachspiel«, sagt er (S. 86) und sieht die Menschen als Figuren, die von höheren Mächten mitleidlos bewegt werden (S. 154). In seiner Philosophie kommt Saladin die Rolle des Königs und Sittah die der Dame im Schach zu (S. 92), sodass die gesellschaftlichen Hierarchien zum Ausdruck kommen.

Vorliebe für Vergleiche

Die große Politik beobachtet al-Hafi nicht nur, sondern fungiert als weiterer Ratgeber und Analytiker im

Dienste Saladins (S. 132), wie die diplomatischen Züge zwischen dem englischen König Richard Löwenherz und Saladin belegen. Den Höhepunkt des Romans, die Erzählung der Ringparabel, beschreibt al-Hafi in der Sprache des Schachs als intellektuellen Schlagabtausch zwischen Saladin und Nathan, den er als Freund der beiden beobachtet und im Anschluss bewertet (»›Nathan‹, sagte ich, ›du hast das Spiel gewonnen‹«, S. 166).

Abu Hassan

Im Romangeschehen nimmt Abu Hassan vergleichsweise wenig Raum ein, aber er ist von verhängnisvoller Bedeutung. Der vermutlich als »telling name« (ein für sich selbst sprechender Name) gedachte Name lässt das Nomen »Hass« assoziieren, und den empfindet Abu Hassan im Übermaß. Der fanatische Muslim stammt aus einer Offiziersfamilie (S. 136) und hat sich im Kampf verdient gemacht, als er die Templer besiegte und die Gefangenen, unter ihnen Leu von Filnek, nach Jerusalem brachte. Er träumt von einem umfassenden Sieg des Islam und versteht den Kampf gegen die Christen folglich als »Heiligen Krieg«, der bis zu ihrer erbarmungslosen Vertreibung aus Jerusalem und Palästina zu führen ist. Auf den Seiten 136–143 stellt er dar, wie unvernünftig aus seiner Sicht Saladins Verständigungspolitik ist. Innerlich hat er sich von Saladin losgesagt, muss aber wegen der Macht Saladins vorsichtig sein. Im gleichgesinnten Bruder

■ Fanatisch und erbarmungslos

Saladins, Melek, sieht er den passenden Herrscher, der die Muslime möglichst schnell in den Kampf führen soll. Abu Hassan ist ein berüchtigter Feind nicht nur der Christen, sondern auch der Juden. In seinem Hass fädelt er anscheinend den Mordanschlag auf Nathan ein (S. 222 f.) und gibt vor dem Hintergrund von Lessings Drama dem Roman einen etwas pessimistischeren Anstrich.

■ Mörderisches Ränkespiel

Nebenfiguren

Im Roman sind einige zusätzliche Figuren eingeführt, die die soziale Wirklichkeit plausibel ausgestalten sollen, wie Mirjam Pressler in ihrer Nachbemerkung (S. 249–251) ausführt. Für die Zwecke dieses Lektüreschlüssels ist es hinreichend, sie gebündelt und nur knapp zu beschreiben. Die Köchin Zipora ist im Hause Nathans unermüdlich und liebevoll dabei, für das leibliche Wohl aller zu sorgen und mit Daja zusammen den Haushalt zu führen. Dem Sprichwort »Liebe geht durch den Magen« entsprechend gibt sie sich besondere Mühe, weil sie insgeheim in Elijahu verliebt ist; allerdings ein für alle amüsantes offenes Geheimnis (S. 111). Zum Ende hin ist klar, dass Elijahu für sie etwas empfindet und sie beide heiraten könnten – wenn der Tod Nathans verwunden ist (S. 224 f.). Eine andere Nebenfigur ist Jakob, der Gehilfe Nathans, der die Reisen begleitet und mit Nathan einen ungezwungenen Tonfall in den Gesprächen beibehält, der für die Herzlichkeit des Hauses steht (S. 42). Erwähnt

■ Geben dem Geschehen mehr Glaubwürdigkeit

■ Verbindendes

■ Erbarmungslose Machtpolitik des Patriarchen

wurden in der Charakterisierung Dajas und der Leu von Filneks ihre Zieheltern in Form der Großmutter bzw. Konrad von Stauffens. Beide gleichen sich in ihrer Lieblosigkeit, mit der sie die Kinder behandelten, sodass beide regelrecht aus ihrer Heimat flüchteten und das Gefühl der Entwurzelung kennenlernten. In der Figur des Nathan ergibt sich somit der lehrreiche Kontrast, wie man es besser machen kann. Der Patriarch wird im Roman ungünstig dargestellt; Näheres folgt noch im 10. Kapitel. Er füllt seine Rolle als Bischof von Jerusalem in einer Weise aus, die alles andere als vorbildlich erscheint. Sein Schlafgemach ist prachtvoll und kostspielig ausgestattet, er lässt sich beim Morgenmahl bedienen wie ein französischer Adliger vor der Französischen Revolution (S. 80). Es bedarf eines besonders riesigen Betts für diesen Kirchenfürsten, der ein »großer, schwerer Mann« (S. 80) ist. Dem Templer fallen eine weiche Hand und ein stechender Blick auf. Der Patriarch verfolgt knallharte Machtpolitik, die sich mit christlichen Idealen wie Barmherzigkeit oder Nächstenliebe nicht vereinbaren lässt.[1] Er bedrängt den Templer, Saladins Heer auszuspionieren, um aus seiner Sicht den überfälligen Gegenschlag zu führen, der Jerusalem in die Hände der Christen bringen soll (S. 80–85). Er versucht mit geschickter Rhetorik und unter Ausnutzung der Kir-

1 Er erinnert an das berühmte Buch *Der Fürst* (1513) von Niccolò Machiavelli, in dem Skrupellosigkeit und Täuschung als politische Mittel empfohlen werden, weil die Welt schlecht sei.

chenhierarchie den Templer sogar zum Attentat auf Saladin oder mindestens zur Vorbereitung dafür anzustiften. Ferner will er unbedingt vom Templer in Erfahrung bringen, wer der Jude ist, der eine Christin jüdisch aufzog, um diese seiner Meinung nach schreckliche Sünde mit dem Tod zu bestrafen. Eine friedliche Koexistenz der Religionen ist im Kalkül des Patriarchen nicht vorgesehen.

4. Form und literarische Technik

Zum Aufbau und zur Form

Der Roman *Nathan und seine Kinder* wird der Kinder- und Jugendliteratur zugeordnet, während Mirjam Pressler selbst in ihrer Nachbemerkung den Terminus »Roman« verwendet. Die Zuordnung in die Kinder- und Jugendliteratur ist einmal auf das Gesamtwerk Presslers zurückzuführen (vgl. 7. Kapitel), geschieht vor dem Hintergrund der bereits im Erscheinungsjahr des Romans erfolgten Nominierungen für Buchpreise wie den Deutschen Jugendliteraturpreis und ist natürlich und vor allem das Resultat einer literaturwissenschaftlichen Einordnung.[2] An diesem Punkt sollte man meiner Meinung nach vorsichtig sein, weil es bedauerlich wäre, Jugendliteratur möglicherweise unterschwellig mit einer weniger anspruchsvollen Literatur zu assoziieren, die nicht das Niveau von Literatur erreichen würde, welche Erwachsene konsumieren. Neuere Forschungen zur Jugendliteratur stellen aber heraus, dass die jüngeren Jugendromane sehr viel komplexer geworden sind und sich der Erwachsenenliteratur annähern, weshalb der Begriff der »All-Age-Literatur« Einzug gehalten hat. Das häufig genannte Kriterium, in der Jugendliteratur werde ein jugendlicher Held in den Blickpunkt gerückt, dessen Entwicklung verfolgt

Unterschätzte Literatur

2 Vgl. den Eintrag bei *Wikipedia*: »Kinder- und Jugendliteratur«, in: *Wikipedia*, https://de.wikipedia.org/wiki/Kinder-_und_Jugendliteratur (Stand 15. 8. 2024).

werde, scheint mir jedenfalls ungeeignet zu sein, um dem Roman *Nathan und seine Kinder* gerecht zu werden. Das Figurenensemble ist zudem im Sprachgebrauch gleichwertig konzipiert.

Der Begriff der Variation

Pressler begreift ihren Roman als »Variation« von Lessings Drama *Nathan der Weise.* Dieser Begriff ist beispielsweise in der Musik gebräuchlich und beschreibt die Umbildung oder Abwandlung eines Themas, sodass Kontrast und Wiederholung eine neuartige, reizvolle Komposition ergeben. Das lässt sich natürlich verallgemeinern. Die Abwandlung im Vergleich zu Lessing macht bereits die erste Lektüre deutlich. Die Nähe zu Lessings Drama legt die Prüfung nahe, auf welche Weise sich die insgesamt 41 Szenen der fünf Akte aus Lessings Drama in den 18 Kapiteln des Romans spiegeln, denn immerhin wird in der literaturwissenschaftlichen Analyse von Lessings Drama ein klassischer Aufbau des sogenannten Regeldramas ausgemacht.[3] Man strapaziert die Dinge keineswegs, wenn man Ähnlichkeiten zwischen dem Aufbau des Dramas aus Exposition (Einführung in die Handlung), Steigerung (ein Konflikt verschärft sich), Höhepunkt (Ringparabel) und Peripetie (Umschwung), Retardation (Verlangsamung der Handlung mit auf-

Drama und Roman im Vergleich

3 Eine erste Orientierung bietet der Eintrag bei *Wikipedia*: »Regeldrama«, in: *Wikipedia*, https://de.wikipedia.org/wiki/Regeldrama (Stand 2. 7. 2024). Vgl. ferner Sabina Becker / Christine Hummel / Gabriele Sander, *Literaturwissenschaft. Eine Einführung*, 2., erw. und aktual. Aufl. Stuttgart 2018, S. 126–171.

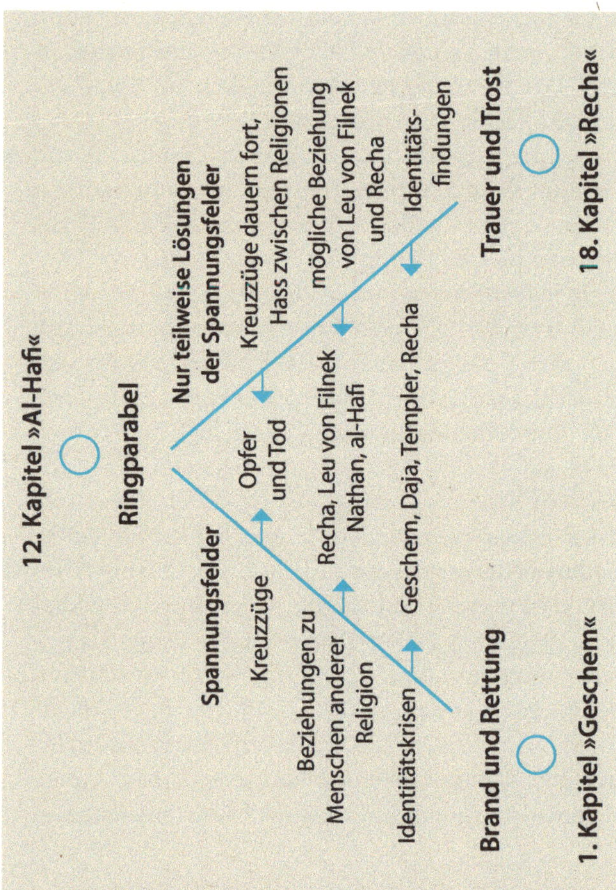

Abb. 4: Aufbau des Romans

schiebenden Momenten) und der abschließenden Katastrophe und dem Aufbau des Romans von Pressler annimmt. Der Roman erzählt in abgewandelter Form diese Elemente, oder besser gesagt: Man kann sie wiedererkennen, und es ist für eine Orientierung hilfreich, sich hier Anleihen zu verschaffen, um Drama und Roman vergleichend in Beziehung zu setzen.

Die Besonderheit liegt in den Perspektivwechseln der Figuren. Pressler lässt in 18 Kapiteln die Figuren aus ihrer Sicht das Geschehen erzählen, sodass teils in mehrfacher Wiederholung ein Ereignis beschrieben wird und man begreift, dass Menschen vor dem Hintergrund ihres gesellschaftlichen Stands und ihrer Orientierungen ein Geschehen jeweils anders wahrnehmen oder erleben werden. Formal betrachtet handelt es sich um wechselnde personale Ich-Erzähler, die in der Erzählwelt handeln und erleben; vergleichbar den Dramenfiguren, die auf der Bühne sprechen und agieren. Ihre ausführlichen Rückblicke (Analepsen) geben den Figuren die biografische Gestalt. Das Schema auf S. 64 ist ein Versuch, den Aufbau des Dramas und die »Variation« in Form des Romans zusammenzuführen.

■ Wechselnde Ich-Erzähler

Zur Sprache

Die Berichte und Schilderungen haben – zumindest für mich – den Charakter von literarisch ästhetisierten Tagebucheinträgen. Sie könnten auch in einem Briefroman zu finden sein, wenngleich die Anrede

■ Ästhetische Sprache, ähnlich dem literarischen Tagebuch

Ausführliche Einblicke

und die Grußformel fehlen.[4] Alle Figuren beschreiben ausgiebig die Ereignisse und geben bereitwillig Einblick in ihre Gedankenwelt, wie es jemand täte, der in seinem verschwiegenen Tagebuch seine Erlebnisse verarbeitet. Der Tempelritter beispielsweise gesteht sich Rechas Schönheit wie folgt ein: »aber ihre Schönheit hatte mich tief berührt, und ihre Stimme und die Art, wie sie sich bedankte und mich als ihren Retter pries, hallte seither in meinen Ohren nach« (S. 144). Ein anderes Beispiel kommt von Elijahu, der sich zurückerinnert, wie er erstmals das Straßenkind Geschem fand, nach Hause trug und »wie leicht er gewesen war, als ich ihn auf den Armen nach Hause trug, leicht wie eine junge Katze, und ich empfand wieder das gleiche Mitleid wie damals« (S. 53). Dieser Sprachgestus aus dem Munde von Männern innerhalb der Erzählwelt erinnert stark an die Literaturepoche der Empfindsamkeit, und das dürfte beabsichtigt sein.[5] Diese literarische Strömung (1740–90) der Aufklärung zeichnet sich durch die Betonung bzw.

4 Der sog. Briefroman aus der Zeit der Aufklärung vereint Ästhetik und Perspektivwechsel in einem. Mir ist bewusst, dass dieser Vergleich anfechtbar ist, und doch erinnert der Roman stark an dieses in Vergessenheit geratene literarische Genre. Vgl. den Eintrag bei *Wikipedia*: »Briefroman«, in: *Wikipedia*, https://de.wikipedia.org/wiki/Briefroman (Stand 15. 8. 2024).

5 Zur Empfindsamkeit vgl. Reiner Ruffing, *Deutsche Literaturgeschichte*, 3., überarb. und aktual. Aufl. Paderborn 2021, S. 59–99; Wolf Wucherpfennig, *Deutsche Literaturgeschichte. Von den Anfängen bis zur Gegenwart*, Stuttgart/Leipzig 2010, S. 56–92.

Aufwertung des Gefühls und der Gefühlsregungen aus, wie zum Beispiel Mitleid oder Freundschaft oder Zuneigung.

Empfindsamkeit und Sittlichkeit

Damit ist die Annahme verbunden, dass der empfindsame Mensch zur Sittlichkeit befähigt ist; eine optimistische Vorstellung, die mit der Hoffnung auf eine Besserung der Menschheit einhergeht. Wohlgemerkt stellt die Empfindsamkeit das Emotionale der Vernunft zur Seite. Die Sprache der Offenheit und der Emotionalität im Roman *Nathan und seine Kinder* greift also die Literaturepoche der Empfindsamkeit bzw. der Aufklärung auf, der Lessing ja zugeordnet wird, und gibt der »Variation«, die Mirjam Pressler in ihrem Roman umsetzt, seine konzeptionelle Gestalt.

Bereits der erste Blick zeigt, dass alle ein gepflegtes Sprachniveau in ihren Beschreibungen an den Tag legen, das über dem der Alltagssprache liegt, die durch einen gewissen Grad der Spontaneität gekennzeichnet sein kann (z. B. durch etwas weniger gewählte Worte oder durch Syntaxverkürzung). Der eigentlich ungebildete Geschem formuliert nicht anders als die anderen Figuren, sein Satzbau ist ebenfalls geschlossen und ansprechend, und auch der Wortschatz erweist sich als ausgesprochen abwechslungsreich und untypisch für einen Jugendlichen. Dieser Sachverhalt wird in Analysen und Interpretationen festgehalten.[6] Diese gleiche Sprache der Figuren hat jedoch in eini-

6 So beispielsweise Thomas Möbius, *Textanalyse und Interpretation zu Mirjam Pressler »Nathan und seine Kinder«*, Hollfeld 2023, S. 69–72.

gen Bewertungen der Leserschaft bei den großen Internet-Buchhandelsketten oder bei Leseportalen wie *goodreads.com* für Irritationen gesorgt und die Kritik provoziert, es fehle an charakterlicher Differenzierung. Dabei wird aber übersehen, dass es sich wohl um die gezielte Umsetzung einer konzeptionellen Entscheidung Mirjams Presslers handelt. Man kann die Annahme riskieren, dass die wohlgestaltete Sprache aller Figuren in Presslers Roman (2009) sozusagen die zeitgemäße Variation bzw. das Pendant zu Lessings *Nathan* (1779) mit seinen klassischen Blankversen ist, der ja gleichfalls für alle Figuren des Dramas Anwendung findet und als Vers für dramatische Dichtungen hohes Ansehen, Flexibilität und Anspruch zugleich vereint.[7]

Das Pendant zum Blankvers

Um die bisherigen Einschätzungen näher zu illustrieren, soll die folgende Textstelle näher untersucht werden:

> »Doch bevor es mir gelang, in die ersehnte Bewusstlosigkeit zu versinken, tauchte plötzlich eine hohe Gestalt vor dem Feuer auf. Scharf hob sich ein breiter, weißer Rücken gegen die Flammen ab, die Arme bewegten sich aufwärts, die Ärmel fielen auseinander, schwangen wie die Flügel eines riesi-

7 Vgl. Wucherpfennig (s. Anm. 5), S. 72–75 oder in einer allgemeinen Übersicht: »Blankvers«, in: *Wikipedia*, https://de.wikipedia.org/wiki/Blankvers (Stand 2. 7. 2024) bzw. Hans-Dieter Gelfert, *Einführung in die Verslehre*, Stuttgart 1998, S. 55, 79.

> gen weißen Vogels auf und ab. Der Fremde zögerte nur kurz, aber lange genug, dass ich das große, rote Kreuz auf seinem Gewand erkennen konnte, dann machte er einen Satz, hinein in das Feuer, und wurde von den Flammen verschluckt. Schlaf senkte sich auf mich, ein hässlicher, bedrohlicher Schlaf mit einem hässlichen, bedrohlichen Traum.« (S. 10)

Mit diesem Erzählerbericht Geschems über die Rettung von Recha, also eines Jungen, der weder lesen noch schreiben kann und in einem schlechten Zustand von Elijahu von der Straße gerettet wurde, wird der durchgehende stilistische Anspruch des Romans gleich zu Beginn deutlich. Es fällt ein reger Adjektivgebrauch auf, der die Anschaulichkeit der Beschreibung erhöht. Die Wortwahl tendiert vereinzelt zu Archaismen (Wörter, die alt und ungewöhnlich sind) wie »Gewand« oder zu literarischen Redewendungen bzw. Metaphern wie »Schlaf senkte sich auf mich«. Die Verben »schwangen« und »bewegten (sich)« für die Bewegungen der Arme oder die Nomina »Flammen« und »Feuer« sorgen für stilistische Abwechslung und sind Belege für den ästhetischen Wortgebrauch. Der Satzbau ist relativ lang, hypotaktisch und umfasst hier drei oder mehr Zeilen – auch das unüblich für einen Jugendlichen. Ein Vergleich (»wie die Flügel eines riesigen weißen Vogels«), die Personifikation des Feuers (»von den Flammen verschluckt«), die Wiederholung bzw. der Parallelismus ganz am Ende mit den Adjektiven »hässlich« und »bedrohlich«

Anspruchsvoller Stil

geben der kurzen zitierten Textpassage rhetorische Finesse. Auch die Farbsymbolik trägt zur Gesamtwirkung bei. Die Farbe Weiß steht ungeachtet ihrer Funktion und Bedeutung für den Templerorden kulturgeschichtlich für Reinheit und Frieden; es verwundert wenig, wenn Recha ihren Retter als Engel betrachtet. Der Kontrast mit dem Feuer, das neben seiner symbolischen Bedeutung (wie Gefahr, Tod) mit dem roten Kreuz auf dem weißen Gewand auch christliche Assoziationen wie das Leiden Christi oder das Fegefeuer zulässt, fällt scharf aus. Der breite Rücken des Templers und sein nur kurzes Zögern verleihen ihm eine fast übermenschlich erscheinende Kraft.

Literarische Mittel

Motive und Symbole

Zur literarischen Gestaltung tragen die Symbole und Motive bei, die sich die einzelnen Figuren zu teilen scheinen. Im Roman dienen sie der Veranschaulichung der spannungsreichen Lage Jerusalems und der Menschen zur Zeit der Kreuzzüge.

Das Feuer taucht im Roman wiederholt auf, und seine Bedeutung wurde gerade exemplarisch beschrieben. Auch Geschems Verbrennungen (S. 50) bestätigen dies. In einem weiten Sinne ist die lebensfeindliche Hitze der Wüste als permanent präsentes, atmosphärisches Signal zu verstehen, das auf alle einwirkt und für die Zeit der Kreuzzüge einen symbolischen Hintergrund darstellt.

Feuer und Gewalt

In der Nähe zum Feuer steht das Motiv der Gewalt. Die Ermordung der Fami-

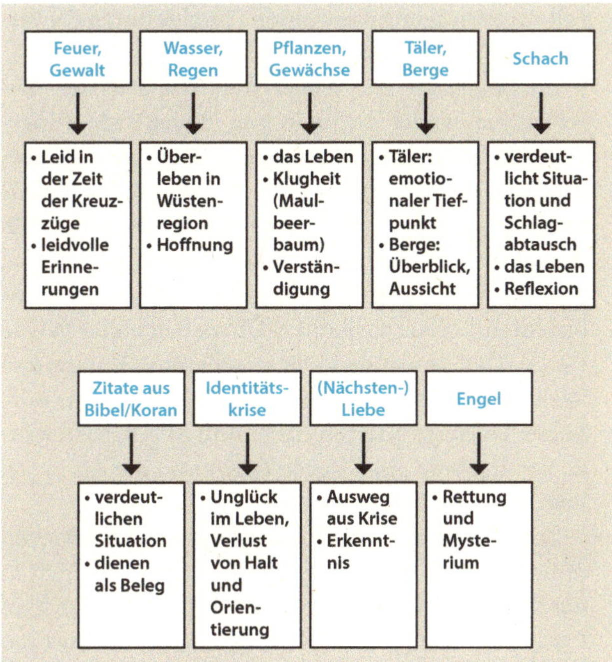

Abb. 5: Motive und Symbole

lie Nathans in der Vergangenheit, als sie – und andere Juden auch – in ihrem Haus verbrannt wurde (S. 43–45), verbindet die beiden Motive miteinander. Das Motiv der Gewalt taucht außerdem im Bericht des Templers bei der Massenhinrichtung der überlebenden Tempelritter vor Saladins Augen auf (S. 71 f.), bei der Ermordung Nathans (S. 226–228) oder auch im

Fall der Steinigung des kleinen Hundes durch die verrohten Kinder (S. 188–190).

Wasser

Im Gegensatz zum Feuer steht das Wasser. Geschem hat bei der Aufforderung, etwas Bedeutungsvolles für sich und seine Namensgebung zu ersinnen, sofort an Regen gedacht (»Wasser, das vom Himmel fällt. Wasser, das jedes Feuer löscht«, S. 22) – kein Wunder angesichts seiner Erfahrungen. Nathan gibt ihm deswegen den Namen Geschem, was »Regen« bedeutet. Wasser sichert das Überleben in der Wüste (S. 42). Das Romanende ist vor diesem Hintergrund in der Logik als verhalten positiv zu bewerten (»Die hohen Feiertage rückten näher und bald danach würde der ersehnte erste Regen fallen und die Zisternen würden sich wieder füllen«, S. 248).

Pflanzen, Gewächse

Zum Verständnis des Romans dürften alle Pflanzen unterschwellig etwas beisteuern, stehen sie doch in der lebensfeindlichen Wüstenregion gewissermaßen für einen Triumph der Natur oder auch des Menschen über das Bedrohliche. Gleich zu Beginn fällt der Maulbeerbaum auf, der voluminöse, Schatten spendende Ausmaße annehmen kann. Er steht aber bereits im Altertum auch für Klugheit.[8] Dass dieser Baum in Nathans Innenhof wächst, ist bezeichnend, was allein

8 Vgl. Zum Maulbeerbaum *Paulys Realencyclopädie der classischen Altertumswissenschaft*, ein dankenswerterweise digitalisiertes Monumentalwerk: »Maulbeerbaum«, in: *Paulys Realencyclopädie der classischen Altertumswissenschaft*, hrsg. von Wilhelm Kroll, Bd. XIV,2, Stuttgart 1930, S. 2331–38, https://elexikon.ch/RE/XIV,2_2333.png (Stand: 2. 7. 2024).

das Epitheton »Nathan der Weise« hervorhebt. Geschem ruht unter diesem Baum (S. 9), er wird sich als klug erweisen. Dass der Templer unter einem Maulbeerbaum ausruht, dürfte ebenfalls kein Zufall sein. Dort trifft ihn Nathan und dankt ihm für die Rettung. Er und Daja halten seinem Hochmut ihre Philosophie entgegen, sodass der Templer beschämt in ihre Einladung einwilligt und sich dann als ganz anderer Mensch präsentiert (S. 101–107). Daja trifft den Templer auch abends beim Maulbeerbaum (S. 153), was ihm die Augen für Rechas Herkunft öffnet.

Rosen und Weltoffenheit

Das alte Symbol des Maulbeerbaumes wird begleitet von Rosen, die in Saladins Innenhof aus verschiedenen Regionen der Welt kommen und die kulturelle Aufgeschlossenheit Saladins und Sittahs zeigen (»einem Innenhof, in dem Sittah Rosen aus China, Indien und Ägypten hatte anpflanzen lassen«, S. 156). Dort im Innenhof erzählt Nathan die Ringparabel und ebnet den Weg dazu, Saladins Vertrauen zu gewinnen. Ein anderes Beispiel sind die Handelsgüter Nathans, die seiner Weltoffenheit entsprechend aus aller Herren Länder kommen und deren Wohlgeruch ohnehin angenehme Assoziationen weckt.

Täler und Berge

Täler und Berge haben im Roman eine wiederkehrende Funktion, um einerseits beispielsweise Niedergeschlagenheit und sogar menschliche Abgründe in einem weiten Sinne aufzuzeigen oder das Gegenteil, also einen Entwicklungsschritt oder das Verlangen, sich zu orientieren. Besonders markant ist das Kapitel, als der Templer nach Dajas Andeutungen völlig durcheinander ist, den Patriarchen aufsucht und dort erneut mit dessen Fanatismus konfrontiert wird, der in der Konsequenz Nathans Tod bedeuten und ihn zum Verräter an Saladin machen würde (S. 176–190). Der Templer geht verzweifelt »in das Tal Hinnom, zum Acker Hakeldamach, der einst um das Geld, für welches Judas den Herrn verraten hatte, gekauft worden war und wo man heutigentags die Pilger begräbt« (S. 188). Dort wird er Zeuge, wie Kinder einen kleinen festgebundenen Hund aus Spaß steinigen und zu Tode quälen. Das Gegenteil ist der Fall, als er Pilger auf den Ölberg führt, einem alten Mann behilflich ist und von oben Jerusalem überblickt (ab S. 144). Dabei lässt er sein Leben Revue passieren und versucht sich zu orientieren. Auch Recha läuft nach Dajas Enthüllung, nicht die leibliche Tochter Nathans zu sein, im Gefühl der Entwurzelung in ein Tal und später wieder aufwärts, als sie sich gedanklich etwas sortiert hat (S. 203–217).

■ Schach steht für das Leben

Das »königliche Spiel« und sein Charakter aus Zug und Gegenzug dienen besonders al-Hafi als Gleichnis des Lebens sowie als Veranschaulichung für die Tatsache, dass die Menschen einer höheren Macht ausgesetzt sind, die sie lenkt (S. 86–98). Die Wortwahl erinnert etwas an Büchners Danton.[9] Den Höhepunkt des Romans begleitet er als Beobachter und bettet Nathans Geistesblitz der Ringparabel metaphorisch

9 Vgl. 2. Akt, 5. Szene in Georg Büchners *Dantons Tod*: »Puppen sind wir von unbekannten Gewalten am Draht gezogen«.

Abb. 6: Christen und Muslime – © picture alliance / Photo12 / Ann Ronan Picture Librar

Schach

in ein Schachspiel zwischen Nathan und Saladin ein (S. 154–166). Bereits im Mittelalter existierten zahlreiche Schachallegorien, die Politik sowie alle denkbaren zwischenmenschlichen Auseinandersetzungen mit dem Schach spiegelten.

Engel

Die Bedeutung des Engels für Recha wurde hinlänglich ausgeführt. Sie vergleicht ihren gutaussehenden Retter (S. 56) mit einem Engel und weicht zunächst nicht davon ab, ihre Rettung als Ergebnis eines himmlischen Eingriffs zu verstehen, was Daja nicht teilt (S. 57). Dass Engel auch für religiös-philosophische Erklärungen eine Rolle spielen, belegt Nathans Auffassung, dass es leichter sei, einen Menschen zu lieben als einen Engel (S. 63), was auf die Bedeutung der Nächstenliebe abzielt. Wenn der Juden- und Christenfeind Abu Hassan den Erzengel Gabriel erwähnt (S. 137), dann wiederum wird angedeutet, wie wenig dienlich die aus dem Kontext gerissenen Zitate und Verweise auf die Heiligen Schriften sind, mit denen man subjektive Einstellungen aufwertet.

Zitate aus der Bibel und dem Koran

Ein wiederkehrendes sprachliches Motiv in unterschiedlicher Funktion sind die Zitate aus der Bibel und dem Koran. 25-mal sind diese kursivgedruckten Stellen allein optisch herausgestellt. Zuerst und vor allem unterstreichen sie die Religiosität aller Figuren, denen die Heiligen Schriften im Leben von größter Bedeutung sind; das dürfte nicht auf das Mittelalter beschränkt sein, sondern ist auch heute für Juden, Christen und Muslime gültig. Ihnen allen geben die Worte aus der Bibel bzw. dem Koran Lebensorientierung und einen moralisch-sittlichen Kompass. So belegt Nathan seine Auffassung, dass Geschem eines Namens bedürfe (S. 49).

Daneben illustriert beispielsweise auf S. 47 das Zitat aus dem Buch Hiob die Trauer Nathans und das Beileid der Nachbarn und Freunde, als er die entsetzliche Katastrophe der Auslöschung seiner ganzen Familie erleidet. Zudem werden Hiob und Nathan in eine vergleichende Beziehung gesetzt, sodass die Leserschaft den Umgang mit einer ungeheuerlichen Katastrophe bedenken kann. Nathans Erkenntnis nach den Leiderfahrungen ist ja, neben seinem unerschütterlichen Glauben, die Notwendigkeit der gelebten

Nächstenliebe. Das Buch Hiob ist also als Interpretationshinweis zu verstehen. Allerdings können Zitate aus den Heiligen Schriften auch zur Bemäntelung radikaler oder kriegerisch-politischer Ansichten dienen, wie beispielsweise der Patriarch demonstriert, der den Kampf gegen die Heiden forcieren will und dabei aus dem Brief des Judas zitiert (S. 184), oder Abu Hassan, der die Ausrottung nicht nur der Juden mit einer Sure aus dem Koran rechtfertigen zu können meint (S. 138). Wenn die auf sittliches Handeln abzielenden religiösen Schriften zum Gegenteil missbraucht werden, hat man über das Sprachmotiv der Bibel- und Koranzitate einen Anlass, über den Sinn und Zweck der Religion in der Menschheits- und Kulturgeschichte nachzudenken. Nicht zuletzt begleiten die Zitate die Stimmungslagen der jeweiligen Ich-Erzähler wie die al-Hafis, der am Abend nach dem eindrucksvollen Erlebnis von Nathans Ringparabel beim Gebet in seiner Hochstimmung Allah für die Vielfalt der Schöpfung dankt (S. 154).

Das Motiv der Identitätskrise

Daja, Recha, der Tempelritter Leu von Filnek und Geschem machen eine im Roman deutlich beschriebene Identitätskrise durch, die sie vorübergehend zweifeln lässt, wer sie sind und wo ihr Platz in der Welt ist. Daja, die als Frühwaise vor der wenig liebevollen Großmutter auf der Suche nach einer besseren Perspektive ins Heilige Land flieht, macht dort überraschend für sie selbst eine schmerzhafte Phase des Heimwehs durch (S. 167–175), deren Überwindung sie Dinge tun lässt, die sie selbst als Verrat an Nathan bzw. als etwas Böses begreift. In der Konsequenz reißt diese Krise Recha in eine Krise, die sie vorübergehend zweifeln lässt, ob sie Nathan als Vater akzeptieren kann (S. 203–217). Der Templer durchlebt in seiner Jugend das Gefühl, nicht Curd von Stauffen zu sein, sondern ein unbedeutender Leu von Filnek, den der Ziehvater nicht wirklich liebt (S. 76–79). Eine weitere Krise sind die Zweifel an seiner selbstgewählten Rolle eines Tempelritters, der ein Keuschheitsgelübde abgelegt hat und von dem der Patriarch verlangt, aus Treue zur Kirche Saladin zu täuschen und zu verraten (S. 85). Geschem durchlebt ebenfalls zwei Identitätskrisen. Er ist lange unsicher, ob er sich als Jude oder Muslim verstehen soll; er pendelt zwischen der eigenen Namensgebung (Geschem Ibn Ibrahim oder Geschem Ben Abraham, S. 192, 202), nachdem ihm Nathan aus der Krise, als namenloses Findelkind keine Identität zu haben, heraushalf. Die Identitätskrise der vier Figuren verbindet der Ausweg aus der Krise: die Liebe.

Das Motiv der (Nächsten-) Liebe

Nathans gelebte Philosophie der Nächstenliebe bzw. der Liebe zum Menschen gibt ihm selbst den nötigen Halt im Leben, um nicht nach dem Verlust der eigenen Familie wahnsinnig zu werden. Er nimmt Recha an (S. 47 f.), anschließend Daja und gibt den beiden den Halt der Liebe und Zuwendung. Er lehrt alle Angehörigen seines Hauses diese Wertvorstellung zu teilen, sodass Elijahu Geschem aufnimmt und Nathan symbolisch auch, indem er dem Jungen einen Namen und eine Identität gibt (und später sogar einen Vater, indem er Elijahu dazu ermuntert, sich des Jungen anzunehmen). Auch der Templer erfährt durch Nathan, dass die Liebe zum Menschen Grenzen überwindet (S. 105–107), sodass er sich bereiterklärt, bei Nathan zu speisen, und die beiden anfangen, von einer besseren Welt zu träumen. Es liegt auf der Hand, dass dieses Motiv der Liebe entscheidend für die Interpretation des Romans ist und die Botschaft des Textes markant übermittelt. Am Ende des Romans wird mit dem bewussten Verzicht auf Rache für den Tod Nathans deutlich, dass Nathans Familie mit der Entscheidung, seine Werte zu leben, die Trauer überwindet.

Erzählerische Mittel

Abschließend sollen die erzählerischen Mittel analysiert werden. Die Besonderheit des Perspektivwechsels zwischen insgesamt acht verschiedenen Figuren wurde erwähnt; mit vier erzählten Kapiteln kommt Recha neben Daja und dem Tempelritter (jeweils drei Kapitel) die numerisch größte Bedeutung zu. Das kann täuschen, denn Nathan beispielsweise ist nahezu omnipräsent, obgleich er kein Kapitel erzählt. Die personalen Ich-Erzähler gestatten es dem Lesepublikum, intensiv die Erlebnisse mitzuempfinden und die Motive der Figuren für ihre Handlungen nachzuvollziehen. Die erzählte Zeit umfasst nur wenige Tage im Jahr 1192, sodass trotz der über die häufigen Analepsen (Rückblicke) möglichen Einblicke in die Lebensgeschichten der Figuren in Zeitraffung in bedeutungsvollen Situationen nahezu zeitdeckendes Erzählen möglich ist. Prägnant ist das im 12. Kapitel der Fall, als al-Hafi zum Zeugen der Ringparabel-Erzählung wird. Für gewöhnlich kann man bei der Lektüre von Dichtungen sicher sein, dass zeitdeckendes Erzählen wichtige Momente signalisiert.

Überwiegend Erzählerbericht

Durchgehend (jedenfalls fast, s. u.) ist das Erzähltempus das Präteritum. Der Eindruck, es mit tagebuchartigen Berichten von Personen zu tun zu haben, wird neben der Ich-Erzählsituation durch den überwiegenden Erzählerbericht bewirkt (z. B. der gerade erwähnte al-Hafi, der das 12. Kapitel mit den Worten einleitet, er wollte abends Allah für das danken, »was an diesem Tag geschehen war«, S. 154). Erzählerberichte raffen die langen Zeitabläufe der Rückblicke auf das bisherige Leben (z. B. Daja, S. 29–39). Neben der direkten Rede in den Gesprächen findet sich auch die indirekte Rede, die per Definition eine gewisse Distanzierung des Wiedergebenden und einen denkbaren eingeschränkten Wahrheitsgehalt bezüglich des Gesagten zum Ausdruck bringt. Das ist interessanterweise der Fall, als Recha von Daja die verstörende Wahrheit erfährt, nicht die leibliche Tochter Nathans zu sein (S. 205 f.), und sie die Ausführungen Dajas im Konjunktiv der indirekten Rede wiedergibt. Tatsächlich ist sie deswegen auf Daja zeitweilig nicht gut zu sprechen und nimmt die besagte Distanz zum Gesagten und zu Daja ein.

Eine Ausnahme

Dass bei Recha in diesem Moment ausnahmsweise der innere Monolog und das Präsens vorkommen (»Kämm weiter, Daja, kämm alle Haare nach vorn, bitte, ich will nichts mehr sehen. Mein Vater ist nicht mein Vater«, S. 206), hebt den Schock Rechas infolge von Dajas Worten erzähltechnisch hervor.

5. Quellen und Kontexte

In einem Interview aus dem Jahr 2010 über ihren im Jahr zuvor erschienenen Roman *Nathan und seine Kinder* äußert sich Mirjam Pressler über die Gründe, sich des berühmten Stoffes anzunehmen:

> »Ich glaube, einer der Gründe waren ursprünglich, obwohl ich es damals noch nicht gedacht habe, die Reaktionen meiner Töchter auf Lessings ›Nathan‹. Als sie das Stück in der Schule lesen mussten, waren sie ziemlich entsetzt und haben gesagt: ›So ein Gelaber!‹ Das hat mir sehr Leid getan, denn ich denke, dass es Geschichten gibt, die man unbedingt erhalten muss, die man tradieren muss. Dazu gehört für mich die Ringparabel. Nun, und irgendwann kam dann die Idee! Und ich dachte mir auch Folgendes: Beim Theaterstück sind die Figuren keine wirklich lebendigen Figuren, sie treten nur auf, um ihre Thesen zu vertreten. Ich wollte sie lebendig machen und ihr Leben erzählen.«[10]

Persönliche Gründe für die Entstehung

Neben der Motivation, Lessings Drama und die Ringparabel in ein attraktiveres Licht für die junge Generation zu rücken – Mirjam Pressler selbst hegt Lessing gegenüber offensichtlich Bewunderung (Nachbemerkung, S. 249) –, ist noch der Blick auf die frustrierende

10 Vgl. Mara Kerrin, »Interview mit Mirjam Pressler 2010«, in: *Die Blaue Seite*, https://die-blaue-seite.de/interview-mit-mirjam-pressler-2010 (Stand: 2. 7. 2024).

Die frustrierende Gegenwart

Gegenwart auszumachen, wie es die Nachbemerkung andeutet, weil die Koexistenz der Religionen »bis heute nicht gelingt« (S. 249). Die Umsetzung des Romans hat dann die Lektüre vieler historischer Werke verlangt, um die Kenntnisse über die Zeit der Kreuzzüge zu vertiefen, wie Pressler in Interviews sowie in der Nachbemerkung erwähnt.[11] Es ist nicht möglich, alle Lektüren Presslers während des Entstehungsprozesses ihres Romans zu bestimmen. Sie selbst hebt in der Nachbemerkung zwei Werke hervor (S. 249 f.): Amin Maalouf, *Der Heilige Krieg der Barbaren. Die Kreuzzüge aus der Sicht der Araber*, München: dtv [4]2006 sowie Wilhelm von Tyros, *Geschichte der Kreuzzüge und des Königreichs Jerusalem*, Stuttgart: Adolph Krabbe 1840. Die beiden Werke verdeutlichen Presslers Bemühen, die damaligen Zeitgenossen bzw. arabische und europäische Historiker zu Wort kommen zu lassen, also den anderen Blickwinkel auf das Geschehen einzuarbeiten. Wilhelm von Tyros, der etwa von 1130 bis 1186 in Jerusalem lebte und als Erzbischof von Tyros und Kanzler des Königreichs Jerusalem tätig war, gilt als einer der bedeutendsten mittelalterlichen Historiker und ist sicherlich ein Zeitzeuge, dessen Art zu schreiben und zu denken für uns heutzutage ein unschätzbarer Zugang auf die Zeit der Kreuzzüge ist. Seine Darstellung wird

Wichtige Lektüren Presslers

11 Vgl. Sarah Kröger, »Mir tun junge Menschen leid, wenn sie gar nicht lesen«, in: *Planet Interview* (14. 4. 2009), www.planet-interview.de/interviews/mirjam-pressler/34896/ (Stand: 2. 7. 2024).

durch die arabischer Zeitzeugen im Werk Maaloufs gewissermaßen aufgewogen. Das wird literarisch-fiktiv durch den Perspektivwechsel der Figuren bzw. der acht Ich- Erzähler im Roman aufgefangen.

Arbeit an historischen Romanen ist im Jahr 2009 kein Neuland für Mirjam Pressler.[12] Sie hatte bereits in den Romanen *Shylocks Tochter* (1999) und *Golem, stiller Bruder* (2007) historische Themen und die dafür nötigen Recherchen abgearbeitet. Die Gründe, sich mit der Vergangenheit zu beschäftigen, um dem Lesepublikum der Gegenwart neben der anspruchsvollen Unterhaltung auch etwas mehr anzubieten, dürften bei *Nathan und seine Kinder* allerdings vergleichsweise deutlich sein.

Ein kriegerischer Beginn

Das erste Jahrzehnt des 21. Jahrhunderts ist durch Konflikte geprägt, die nicht wenig mit religiösen Ursachen zu tun haben. Während der Jugoslawienkriege von 1991 bis 2001 spielen in die politischen Ursachen auch religiös-kulturelle hinein, als nach dem Zusammenbruch des Ostblocks und dem vorläufigen Ende des Kalten Krieges im ehemaligen Vielvölkerstaat die nur oberflächlich übertünchten, alten Differenzen wieder aufbrachen. Die Kriegsverbrechen an anderen Ethnien und die Versuche, regelrechte ethnische Säu-

12 Vgl. Sebastian Bernhardt / Jan Standke (Hrsg.), *Historisches Erzählen in der Gegenwartsliteratur. Positionen der germanistischen Literaturdidaktik*, Bielefeld 2022, S. 121–165. Pressler rückt damit langsam in das Blickfeld der Literaturwissenschaft, die ihren Stellenwert für das Genre des historischen Erzählens erkennt und dabei die didaktischen Absichten Presslers ausmacht.

berungen in den von verschiedenen Völkern besiedelten Regionen durchzuführen, gaben dem Konflikt ein hässliches Gesicht, bedeuteten sie doch eine »tief verstörende Neuauflage jener Art von ethnischen und territorialen Konflikten, die einst einen großen Teil von Mittel- und Osteuropa erschüttert hatten«, wie der Historiker Ian Kershaw urteilt.[13]

9/11 als Zäsur

Als global folgenschwere Katastrophe dürfte jedoch der Terroranschlag 9/11 einzuschätzen sein. In der Folge des Anschlags, der fast 3000 Menschen das Leben kostete, setzte sich ein »Krieg gegen den Terror« in Gang, der neben den Hauptkriegsschauplätzen in Afghanistan und dem Irak den ganzen Nahen Osten destabilisierte.[14] In den Köpfen der Menschen etablierte sich das Bild, dass es kaum zu überwindende Differenzen zwischen den christlich geprägten europäisch-westlichen Staaten und muslimisch geprägten arabischen Staaten gebe, das in allen Ländern, in denen Migration eine altbekannte Tatsache ist, überwunden geglaubte Feindbilder aufleben ließ.

Aggressive Rhetorik aus alten Zeiten

Die politische Rhetorik bot auf einmal wieder Vokabeln aus früheren Zeiten. So sprach der US-Präsident George W. Bush von einem »Kreuzzug« des Westens gegen den Terrorismus, und eine bekannte amerikanische Kolumnistin sinnierte, man müsse »in ihre Länder einmarschieren, ihre Führer töten und die

13 Vgl. Ian Kershaw, *Achterbahn. Europa 1950 bis heute*, aus dem Engl. von Klaus-Dieter Schmidt, Bonn 2020, S. 574; zum Krieg S. 553–573.

14 Vgl. ebenda, S. 611–635.

Abb. 7: Titelseiten verschiedener Zeitungen am 12. September 2001 – © picture alliance / Jan-Martin Altgeld | Jan-Martin Altgeld

Leute zum Christentum zwingen«.[15] Auf arabischer Seite stellten Beobachter eine stark verbreitete antiwestliche Haltung fest, die bis zum Jahr 2009 mit mehr als 500 islamistisch geprägten Anschlägen einherging. Man könnte die Negativliste um weitere Ereignisse ergänzen, die zeigen, wie fragil auf einmal das Zusammenleben der Menschen aus verschiedenen Kulturen geworden war. In den Vororten Frankreichs mit hohem Migrationsanteil wie in Paris und anderen größeren Städten brach 2005 nach einem Vorfall eine Welle der Gewalt aus, die dem französischen Staat alle Mühen abverlangte, sie in den Griff zu bekommen.[16] Und in Israel, dem Schauplatz des Romans, brachen im Jahr 2000 erneut schwere Konflikte aus, die alle Hoffnungen auf einen erfolgreichen Friedensprozess zunichte machten. Die Ursachen dafür sind komplex.[17]

Fragiles Zusammenleben

Die Entscheidung Mirjam Presslers, vor diesem Hintergrund Lessings *Nathan der Weise* in einer Variation

15 Vgl. Jürgen Stryjak, »Von 9/11 bis zum arabischen Frühling«, in: *Deutschlandfunk* (6. 9. 2011), www.deutschlandfunk.de/von-9-11-bis-zum-arabischen-fruehling-100.html (Stand: 2. 7. 2024).

16 Vgl. Kershaw (s. Anm. 13), S. 662 f.

17 Der Überblick von Muriel Asseburg auf der Webseite der *Bundeszentrale für politische Bildung* bietet eine erste gelungene Orientierung: Muriel Asseburg, »Nahost«, in: *Bundeszentrale für politische Bildung* (2. 7. 2024), www.bpb.de/themen/kriege-konflikte/dossier-kriege-konflikte/54655/nahost/ (Stand: 2. 7. 2024). Der Ausbruch eines Krieges im Oktober 2023 ist frisch, zeigt die Kontinuität der Probleme, ist aber zu neu, um hier beurteilt zu werden.

wieder aufzugreifen, dürfte nachvollziehbar sein, zumal sie die für eine Mutter wenig erfreuliche Einschätzung ihrer Töchter über diese Schullektüre (»So ein Gelaber!«, vgl. das Interview oben) im Ohr hatte. Ihrem Roman kommt der von ihr definierte Auftrag zu, die zitierte Bewahrung des Wissens um die Ringparabel in einer Zeit umzusetzen, in der kulturell religiöse Differenzen die Gesellschaften beunruhigen.

6. Interpretationsansätze

Deutungsebenen des Romans

1. Deutung als historische Erzählung
   ↓
   vermittelt authentisch-fiktives Geschichtswissen (1192 n. Chr.)
2. Deutung als intertextueller Bezug zu Lessings Drama *Nathan der Weise* (1779) und zu anderen Texten bzw. denkbaren Texten der Aufklärung, z. B.:
   - Martin Luther King, *I Have a Dream* (1963)
   - Lessing, z. B. *Die Erziehung des Menschengeschlechts* (1780)
   - Kant, z. B. *Was ist Aufklärung?* (1784)
   - Schiller, Ode *An die Freude* (1785)
3. Moralische Aspekte
   ↓ ↓
   Pressler kombiniert diese Ebenen mit dem Thema Identitätsfindung

}
1. Didaktischer Auftrag des Romans, Ringparabel Lessings und Wissen über Kreuzzüge soll erhalten bleiben bzw. zugänglicher werden.
2. Koexistenz der Religionen nicht gelungen.

Abb. 8: Interpretationsansätze

Deutung als historischer Roman

Vorzüge des Genres

Das Genre des historischen Romans erfreut sich auf dem Buchmarkt größter Beliebtheit, weil es spannende Handlungen mit dem Flair der Vergangenheit verbindet und das Abtauchen in eine andere Wirklichkeit erlaubt. Der entsprechende Eintrag auf *Wiki-*

pedia definiert den historischen Roman wie folgt: »Ein historischer Roman ist ein fiktionales Prosawerk, dessen Handlung in einer historischen Zeit spielt und dessen Inhalt in belletristischer Form um geschichtliche Vorgänge und Personen kreist, ohne dass ein zwangsläufiger Anspruch auf wissenschaftliche Richtigkeit besteht.«[18] Auch wenn ein solcher Roman gut gemacht ist und über die Sprache, die historischen Details und die Nähe zur jeweiligen Geschichte, wie sie in den Werken der Geschichtswissenschaft dargestellt ist, täuschend echt erscheint, so bleibt er, doch Fiktion. Im Fall von Presslers *Nathan und seine Kinder* geben zwei historische Gegebenheiten das Hintergrundszenario ab: die Zeit der Kreuzzüge, vornehmlich um 1191/92, und die historischen Persönlichkeiten Sultan Saladin bzw. Richard Löwenherz. Im Roman wird der Fokus auf die Gründe für die Kreuzfahrer gerichtet, nach Palästina aufzubrechen, den Siegeszug Saladins ab 1187 und die Lage, die mit den Erfolgen von Richard Löwenherz 1191/92 bzw. seinen diplomatischen Bemühungen entstand.[19] Pressler greift bei den beiden Herrschern Eigenschaften auf, die sie bereits zu Lebzeiten legendär werden ließen.[20]

Definition des historischen Romans

18 Eintrag »Historischer Roman« in: *Wikipedia*, https://de.wikipedia.org/wiki/Historischer_Roman (Stand: 16. 8. 2024).

19 Vgl. Thomas Asbridge, *Die Kreuzzüge. Der Krieg um das Heilige Land*, aus dem Engl. von Susanne Held, München 2021, besonders S. 389–549.

20 Vgl. Hannes Möhring, *Saladin. Der Sultan und seine Zeit. 1138–1193*, München 2005; den Eintrag bei *Wikipedia*:

Abb. 9: Peter von Amiens ruft in Gegenwart des Papstes Urban II. zum Kreuzzug auf – © picture alliance / akg-images | akg-images

Da die historischen Fakten zu den Kreuzzügen, besonders des Dritten Kreuzzugs, in Kapitel 7 dieses Lektüreschlüssels dargelegt werden, reicht es hier, auf die entsprechenden Aspekte im Roman einzugehen. Im Rückblick Dajas wird deutlich, aus welchen Gründen sie aus ihrer Heimat und den für sie bedrückenden Verhältnissen entfloh. Der karge Alltag in der

»Saladin«, in: *Wikipedia*, https://de.wikipedia.org/wiki/Saladin (Stand: 2. 7. 2024); Dieter Berg, *Richard Löwenherz*, Darmstadt 2007; den Eintrag bei *Wikipedia*: »Richard Löwenherz«, in: *Wikipedia*, https://de.wikipedia.org/wiki/Richard_Löwenherz (Stand: 2. 7. 2024).

Hütte ihrer Großmutter in Gunzenhausen (S. 25), bei der sie als Frühwaise leben musste, dürfte für viele Menschen Wirklichkeit gewesen sein. Die Lebenserwartung war im Durchschnitt mit etwa 35 Jahren zu Beginn des 14. Jahrhunderts gering, was mit den ärmlichen Verhältnissen für viele erklärbar ist. Zugige Hütten, Mangelernährung, Krankheiten, schlechte medizinische Standards und harte Arbeit sind die Negativfaktoren, die den Menschen zusetzten. Der Aufbruch in eine von geschickten Kreuzzugspredigern nahezu paradiesisch dargestellte Welt im Morgenland, die biblischen Verweise auf das Land, in dem Milch und Honig fließen, und besonders die religiöse Belohnung für den Aufbruch zum Kreuzzug (Sündenerlass) waren vielfach Ansporn genug (S. 29–31), mit naiver Unbekümmertheit das Wagnis einzugehen. Der historische sogenannte Kinderkreuzzug ab 1212 beispielsweise belegt das eindrucksvoll, als einige tausend Kinder, Jugendliche und auch Erwachsene praktisch unbewaffnet, aber begeistert loszogen und auf dem Weg entweder entkräftet abbrachen oder versklavt wurden. Schon vor Beginn des 1. Kreuzzugs brachen Tausende aus dem einfachen Volk, begleitet von einigen Rittern, zum sog. Armenkreuzzug oder Volkskreuzzug auf. Die Angelegenheit dauerte nur sechs Monate und beweist, mit welcher religiösen Inbrunst Laien loszogen und spätestens gegen die gut geführten muslimischen Truppen hoffnungslos versagten. Nicht nur Dajas Bericht über die Entbehrungen schon bald nach dem begeisterten Aufbruch (S. 31–39), auch der

■ Lebenswirklichkeit anschaulich gemacht

des Templers über den Aufbruch mit Friedrich Barbarossas Heer (ab S. 151) greift das authentisch auf. Dass in der Folge viele gestrandete Existenzen in den Straßen Jerusalems umherirrten, darunter auch Kinder, wird im Roman wiederholt aufgegriffen (so im Schicksal Geschems oder auf S. 212–214). Der Roman zeichnet somit das historische Kolorit nach.

■ Geschichte anschaulich gemacht

Saladin erscheint im Roman als kluger Herrscher, der machttaktisch vorgeht und nicht mit blindem Eifer wie die fanatisierten Laien aus Europa. Seine durch Abu Hassans Kritik (S. 136–143) verdeutlichte Politik, die den Einsatz der Mittel permanent reflektiert und die letztlich das Zusammenleben der Völker favorisiert, wird dem historischen Bild Saladins gerecht. Richard Löwenherz wiederum, der auf den Seiten 122–135 als gefürchteter Gegner beschrieben wird, ist historisch betrachtet derjenige, der Saladin 1191 die erste Niederlage nach der Schlacht von Hittin (1187) beibrachte.

Textexterne Deutungsbezüge: Lessings Drama und andere intertextuelle Verweise in Verbindung mit dem Ringen um Identität

In der »Nachbemerkung« (S. 249–251) verneigt sich Mirjam Pressler vor Lessings Drama *Nathan der Weise* und geht auf ihre Überlegungen ein, den Stoff des Dramas den Gegebenheiten der Gegenwart anzupassen, zumal sie in den im 5. Kapitel dieses Lektüreschlüssels erwähnten Interviews freimütig darlegt, wie wenig das

■ Das große, aber schwierige Vorbild

Drama ihren Töchtern in der Schule zusagte. Lessings *Nathan* sei »eine weltanschauliche Erörterung in Form eines Dramas« (S. 250), was das Stück heute schwer lesbar mache, zumal die meisten Menschen ungern Theaterstücke läsen. Sie stellt ferner fest, Lessings Figuren ständen zu sehr im Dienst der Gedanken, die das Stück verbreiten soll, und deshalb kämen die Charaktere zu kurz und die Figuren Lessings seien idealisiert. Ihr Bedürfnis sei es gewesen, die Figuren lebendiger zu gestalten und besonders Recha aufzuwerten, die bei Lessing nur eine Nebenrolle spiele und für die Tradierung seiner Werte wichtig sei. Pressler geht abschließend darauf ein, dass sie weitere Figuren erfunden habe, um den gegebenen Figuren eine soziale Wirklichkeit und einen Alltag zu geben. Sie nennt Elijahu, Geschem (besonders wegen der vielen Waisen und ausgesetzten Kinder im Mittelalter) und Abu Hassan.

Konsequenzen für Presslers Variation

Presslers Überlegungen sind klar dargelegt und laufen darauf hinaus, dass sie die große Vorlage des Dramas in einen historischen Roman umgearbeitet hat, der naturgemäß detailreicher ausfällt als ein Drama und der der Historie verpflichtet ist, sodass das Geschehen plausibel und authentisch wirkt. Deshalb entfällt wohl auch die Verwandtschaft Rechas und des Tempelritters im Roman, die im Drama die Familien Saladins und Conrad von Stauffens am Ende überraschend verbindet und den Gedanken der ideellen Verbrüderung der Menschen durch ein Verwandtschaftsverhältnis symbolisiert. Im Roman ist Recha de facto ein völlig fremdes Adoptivkind, das Nathan annimmt, weil man ihn darum bittet und es ihm hilft, den eigenen Verlust der ganzen Familie zu ertragen. Daraus erwächst wohl auch seine Philosophie der gelebten Nächstenliebe und Barmherzigkeit. Die Umstände sind im Roman ausführlicher dargelegt und lassen keine Leerstellen, auch wenn im Drama der Verlust Nathans erwähnt wird bzw. die Aufnahme Rechas nach einer längeren Trauerzeit (im Drama IV. Akt, 7. Szene). Es liegt auf der Hand, dass einer späteren Ehe zwischen Recha und Leu von Filnek in der Erzählwelt des Romans nichts im Wege stünde; wie dargelegt, ist sie durch das Romanende sogar wahrscheinlich. Die auch im Drama schwärmerisch klingende Wortwahl Rechas bezüglich ihres Retters bleibt im Roman nicht nur religiös motiviert, sondern bereitet die Liebe und spätere Ehe vor.

Nicht nur mit Daja und Geschem werden weitere Figuren präsentiert, die Nathans gelebte Philosophie zum Ausdruck bringen. Pressler ist es anscheinend wichtig, diesen Aspekt besonders zu verdeutlichen, sodass die moralische Botschaft des Romans für die Deutung kaum zu übersehen ist, wie weiter unten noch auszuführen sein wird. Geschem ist für Pressler eine wichtige Figur. Er verkörpert, wie sie in einem Interview darlegt, jemanden, dem es gelingt, aus »Schutt und Scherben« etwas aufzubauen. Zudem seien Figuren, die mit der eigenen Identität ringen, für sie interessant.[21] Das ging ihr selbst nicht anders, wie sie meinte

■ Das Ringen um Identität

21 Vgl. Kerrin (s. Anm. 10).

(»Ich bin Mirjam Pressler. Und ich hatte eine beschädigte Kindheit, und ich finde es faszinierend, wie Kinder und Jugendliche es schaffen, sich aus Scherben eine Identität aufzubauen und einen Lebensentwurf zu finden.«[22]). Dieses Ringen um Identität machen aber auch der Templer, Daja und Recha nach der Enthüllung ihrer wahren Herkunft durch, wie bereits ausgeführt wurde. Und da die Liebe zum Menschen bzw. die Nächstenliebe die Auswege aus Krisen eröffnet, wie die Figurenkonzeption, ihre Biografien und die Motivstränge belegen, kann man hier einen Unterschied zwischen den beiden Texten festhalten. Das Ringen um Identität ist eine Erweiterung innerhalb der intertextuellen Verbindung zwischen Lessings Drama und dem Roman. Pressler führt das, was man bei Recha und Leu von Filnek im Drama allenfalls annehmen kann, im Roman intensiv aus und verdichtet diesen Aspekt bei zwei weiteren Figuren. Das Ringen um Identität bei Menschen mit unerfreulichen Kindheiten ist zudem ein Schwerpunkt im Erzählwerk Presslers, wie das 5. Kapitel hier aufzuzeigen versucht.

Umgang mit der Ringparabel

Die Ringparabel ist der Kern beider Texte und hat ihren Ursprung in der Stoffgeschichte. Giovanni Boccaccio (1313–1375) verfasste wohl in den Jahren 1349–53 mit dem Novellenzyklus *Decamerone* einen Klassiker der Weltliteratur, der unter anderem die Novelle

22 Tanya Lieske, »Wenn das Glück kommt, muss man ihm einen Stuhl hinstellen«, in: *Deutschlandfunk* (19. 1. 2019), www.deutschlandfunk.de/zum-tod-von-mirjam-pressler-wenn-das-glueck-kommt-muss-man-100.html (Stand 2. 7. 2024).

zur beliebten Textsorte aller folgenden Generationen machte. In einer der 100 kurzen Erzählungen dieses Werks taucht die Ringparabel auf. Die ursprüngliche Gestaltung der Ringparabel muss in diesem Lektüreschlüssel nicht weiter behandelt werden, auch die Variation Lessings nicht – bis auf die markanten Unterschiede zu Presslers Roman. Während Lessing vor allem im 3. Akt über mehrere Szenen die Spannung in der Begegnung des mächtigen Sultans Saladin und des Juden Nathan bis zur Ringparabel in der 7. Szene aufbaut, wird diese innerhalb eines Romankapitels (S. 154–166) erzeugt, indem der Ich-Erzähler al-Hafi die Begegnung mit dem von ihm sehr geschätzten Schachspiel vergleicht, bei dem die Kontrahenten sich intellektuell duellieren und ihre Züge berechnen. Der Ablauf dieses Duells bleibt in Presslers Variation gut erkennbar, bekommt aber eine modernere Wortwahl bzw. Formulierungen, deren Wirkung auf die Gefühlslage der Leserschaft des 21. Jahrhunderts eine größere sein dürfte. Ein Beispiel: In Lessings Drama schließt Nathan seine Erzählung der Ringparabel mit den Worten: »Saladin, / Wenn du dich fühlest, dieser weisere / Versprochne Mann zu sein: …«[23] Es gibt kei-

Vorzüge der Prosa

23 Gotthold Ephraim Lessing, *Nathan der Weise. Ein dramatisches Gedicht in fünf Aufzügen*, Berlin 1779, zit. nach: www.projekt-gutenberg.org/lessing/nathan/chap004.html (Stand: 2. 7. 2024). Das Projekt Gutenberg ist eine Online-Bibliothek gemeinfreier Werke mit zuverlässiger Textgrundlage. Vgl. auch Gotthold Ephraim Lessing, *Nathan der Weise. Ein dramatisches Gedicht in fünf Aufzügen*, Anmerkungen von Peter von Düffel, Stuttgart: Reclam 2000 (Universal-Bibliothek. Nr. 3.), S. 83.

ne Hinweise, wie dies gesprochen wird, da Lessing sparsam mit dem Nebentext verfährt. In Presslers Roman wird das Lesepublikum enger geführt: »Nathan schwieg. Nach einer ganzen Weile sagte er leise: ›Vielleicht, großer Sultan, bist du ja dieser versprochene weisere Richter …‹« (S. 164). Der Paukenschlag der Schlussbemerkung mit etwas anderer Wortwahl, die Modulation der Stimme sowie die wirkungsvolle Kunstpause Nathans sprechen für sich. Der Roman füllt sozusagen das Unausgesprochene aus, legt es fest und gibt dadurch der Vorlage in Form des Dramas eine für den heutigen Leser nachvollziehbarere erzählerische Entsprechung.

Im Text tauchen Formulierungen auf, die Assoziationen zu weiteren berühmten Texten zulassen. Im Anschluss an die Ringparabel gehen Nathan und al-Hafi auseinander. Al-Hafi gratuliert Nathan zu seinem Triumph, aber der scheint etwas nachdenklich zu sein (S. 166). Er äußert dann seine Vision von einer besseren Zukunft der Menschheit, die mit dem Parallelismus »Ich habe einen Traum« einhergeht. Nathan zählt unter dreifacher Verwendung dieser Formulierung auf, was er sich erhofft, auch wenn er skeptisch bleibt, dass es geschehen werde. Er erhofft sich die allgemeine Erkenntnis, was die Glaubenssätze bedeuten, dass die Konfessionen in Brüderlichkeit koexistieren und dass Jerusalem eine Stadt der Freiheit und Gerechtigkeit wird.

Texte der Aufklärung

Die Nähe zur berühmten Rede vom 28. August 1963 vor 250 000 Menschen in Washington aus dem Munde

Martin Luther King »I Have a Dream«

des US-Bürgerrechtlers Martin Luther King, die unter dem Titel »I Have a Dream« bekannt ist, ist augenfällig. In dieser Rede bringt King seine Hoffnungen auf eine Gleichberechtigung der Schwarzen mit den weißen Amerikanern zum Ausdruck. Seine rhetorisch wuchtige Rede lebt von der mehrfachen Verwendung der titelgebenden Worte »I have a dream«, die übersetzt Nathans Worten entsprechen. Pressler rückt Nathans visionäre Vorstellungen in die Nähe der Hoffnungen Kings, die damit zur Menschheitsaufgabe werden, weil die Überwindung des Rassismus und die Überwindung von religiös bedingten Zerwürfnissen auf ein großes Ziel hinauslaufen: eine bessere Menschheit zu begründen.

Brüderlichkeit und Aufklärung

Die Nähe zu Lessings Drama eröffnet natürlich auch Gedanken an die Epoche, aus der Lessings Drama entstammt, also der Aufklärung. Es ist aus literaturwissenschaftlicher Sicht vergleichsweise problematischer, die Einflüsse des 18. Jahrhunderts bzw. von Texten der Aufklärung auf den Roman zu bestimmen, als es bei der Rede Martin Luther Kings der Fall ist. Die Begriffe der »Brüderlichkeit« und der »Gerechtigkeit« (S. 166) in der Vision Nathans lassen aber zumindest die Losung der Französischen Revolution assoziieren (Freiheit, Gleichheit, Brüderlichkeit), die auf den Erziehungsroman *Die Abenteuer des Telemach* des Erzbischofs von Cambrai, François de Salignac de La Mothe-Fénelon (1651–1715), zurückgeht und dann in der Französischen Revolution ungemein populär wurde. Möglicherweise ist der Begriff der »Brüderlichkeit« auch mit der berühmten Ode »An

Die Losung der Französischen Revolution

Abb. 10: Der Präsident des EU-Parlamentes, Martin Schulz (oben, l.) singt am 14. 5. 2015 in Aachen (Nordrhein-Westfalen) mit den Ehrengästen die Europahymne – © picture alliance / dpa | Oliver Berg

die Freude« von Friedrich Schiller (1759–1805) aus dem Jahr 1785 in Verbindung zu bringen. Diese Ode ist ein pathetisches Hohelied auf das visionäre Ideal einer gleichberechtigten Gemeinschaft aller Menschen, in Freundschaft geeint. Die Bedingungen für dieses große Ziel wie »Großmut auch dem Bösewicht« werden in dieser Ode gepriesen.[24] Mehrere Formulierungen lesen sich wie eine lyrische Fassung der Werte Nathans, wie z. B. die Worte »Alle Menschen werden

24 Friedrich Schiller, »An die Freude« (Fassung von 1785), zit. nach: »An die Freude«, in: *Wikipedia*, https://de.wikipedia.org/wiki/An_die_Freude (Stand: 16. 8. 2024); für die endgültige Fassung vgl. www.projekt-gutenberg.org/schiller/gedichte/chap026.html (Stand: 2. 7. 2024).

Brüder« aus der zweiten Fassung dieser Ode. Oder noch präziser:

Duldet muthig, Millionen!
Duldet für die beßre Welt!
Droben überm Sternenzelt
Wird ein großer Gott belohnen.

Göttern kann man nicht vergelten;
Schön ist's, ihnen gleich zu sein.
Gram und Armuth soll sich melden,
Mit den Frohen sich erfreun.
Groll und Rache sei vergessen,
Unserm Todfeind sei verziehn.
Keine Thräne soll ihn pressen,
Keine Reue nage ihn[25]

Ohnehin erinnert Nathans Ermahnung, »das höchste Ziel der Menschen muss die Vernunft sein. Vernunft und die Liebe zu anderen Menschen« (S. 48), an die zahlreichen Texte der Aufklärung, in denen die Vernunft als Ausweg aus den Problemen der Menschheit gefeiert wird. Dazu zählt der Appell des Philosophen Immanuel Kant (1724–1804) in seiner Schrift »Was ist Aufklärung?« (1784), sich seines Verstandes selbst zu bedienen und nicht den Einflüsterungen anderer zu vertrauen, wie beispielsweise denen des eigenen Beichtvaters. Kants Moralphilosophie gipfelt schließlich in

Vernunft und Aufklärung

25 Ebenda.

der Aufforderung, nach den Maximen zu handeln, von denen man wolle, dass sie eine allgemeine Sitten- und Gesetzgebung werden sollten.[26] Diese Forderung wäre in Nathans Fall umgesetzt, der ja ganz praktisch nach einem Moral- und Wertekanon lebt, der tatsächlich eine bessere Welt begründen könnte.

Welche Rolle die Texte, die Lessing im Zeitraum des Entstehungsprozesses seines Dramas hinterlassen hat, gespielt haben, die wiederum für Mirjam Pressler inspirierend gewirkt haben könnten, kann ich leider nicht zweifelsfrei in Gänze ausmachen. Lessings Traktat *Die Erziehung des Menschengeschlechts* aus dem Jahr 1780 beispielsweise drängt sich auf.[27] In diesem Traktat kommt praktisch vieles zum Vorschein, was den Geist des Dramas ausmacht sowie den des Romans. Ob die exzessive Vielleserin Mirjam Pressler diese Quellen bedacht hat, wird kaum zu klären sein, aber es ist wahrscheinlich.

■ Fehlende Gewissheit

Die moralische Dimension

Die Deutung der Neuauflage von Lessings *Nathan* im Jahr 2009 als literarischer Appell, der die friedliche Koexistenz der Religionen erneut auf die tagespoliti-

26 Vgl. Immanuel Kant, »Beantwortung der Frage: was ist Aufklärung?«, in: *Berlinische Monatsschrift*, Dezember-Heft 1784, S. 481–494, zit. nach: https://www.projekt-gutenberg.org/kant/aufklae/aufkl001.html (Stand: 16. 8. 2024).

27 Vgl. Gotthold Ephraim Lessing, *Die Erziehung des Menschengeschlechts*, Berlin 1780, zit. nach: www.projekt-gutenberg.org/lessing/erziehng/erziehn2.html (Stand: 2. 7. 2024).

Intertextuelle Verweise

sche Agenda setzen soll, ist allein durch Presslers »Nachbemerkung« unübersehbar und geht mit der Vermittlung der Kreuzzugshistorie in anschaulicher Form einher.[28] Die moralische Deutung geht Hand in Hand mit den gerade zitierten intertextuellen Verweisen wie z. B. der denkbaren Möglichkeit, dass Schillers Ode »An die Freude« so etwas wie ein assoziativer Nebentext zu Presslers Roman ist. Die moralische Deutungsdimension lebt von den Verhaltensweisen der Figuren und erhält Unterstützung durch die Überlegungen, die Heiligen Schriften der Religionen liefen auf die Erkenntnis des Versöhnungsgebots hinaus, wofür passende Zitate ausgewählt werden. (S. 253 f.) Auf der einen Seite stehen »Nathan und seine Kinder«, um den Titel zu bemühen, und auf der anderen Seite die Scharfmacher im Kontext des Kreuzzugs wie der Patriarch oder Abu Hassan. Der Patriarch verfolgt eine Politik der mitleidlosen Täuschung und der Gewalt, zu der sich alle Christen verbünden, »damit sie gemeinsam gegen unsere Feinde vorgehen und die Heilige Stadt aus den Händen der Heiden befreien« (S. 84). Auch die Prediger, die in Europa die Menschen zur Teilnahme an den Kreuzzügen aufriefen, haben nach der historischen Betrachtung zur Erbarmungslosigkeit angestachelt, sodass Massaker während der Kreuzzüge üblich waren (vgl. das 7. Kapitel dieses Lektüreschlüssels). Auf S. 133 wird das historische Gemetzel an 2700 Männern und 300 Frauen und

28 Zum geschichtsdidaktischen Aspekt in der historischen Literatur vgl. Bernhardt/Standke (s. Anm. 12).

Kindern auf Veranlassung von Richard Löwenherz nach der Einnahme der Stadt Akko(n) erwähnt. Diese Gefühllosigkeit, die sich regelmäßig wiederholte, eben weil man im Gegner keinen gleichwertigen Menschen sah, ist Ursache und Konsequenz von politischen Machthabern, die wie der Patriarch denken. Abu Hassans Denkweise auf der anderen Seite ist ähnlich gestrickt. Der Heilige Krieg wird, wie seine Charakterisierung im 3. Kapitel zeigte, von Abu Hassan zur Aufgabe eines jeden Muslim erklärt, und auch in seinem Denken ist eine friedliche Koexistenz der Religionen nicht vorgesehen.

Nathan, der die Konsequenzen dieser Denkweise erleiden musste und dabei seine Familie verlor, stand kurz davor, Opfer und Täter zugleich in dieser Spirale der Gewalt zu werden, als er vom Tod seiner Familie erfuhr: »Er zerriss seine Kleider, er reckte die Fäuste, verfluchte die Christen und schwor ihnen ewigen, unversöhnlichen Hass und blutige Rache« (S. 46). Als er in der Trauerzeit in sich gehen kann, was anscheinend über seine Rolle als Zieh- und Pflegevater Rechas in Gang gesetzt wird, wird es ihm möglich, die Spirale der Gewalt zu durchbrechen. Er formuliert wiederholt im weiteren Romangeschehen seine Philosophie der gelebten Nächsten- und Menschenliebe, die das Ergebnis der Vernunft ist (S. 48). Es ist konsequent, dass er sich in Momenten der nachvollziehbaren Erregung zwingt, leise zu reden, »[w]enn er der Vernunft zum Sieg über seine Gefühle verhelfen will« (S. 103). Für gewöhnlich gehen ja Gewalt und Unvernunft mit

■ Wie ist die Gewaltspirale zu beenden?

Lärm einher. Dieses Muster wiederholt sich, als er am Ende der Erzählung der Ringparabel die glanzvollen Schlussworte mit leiser Stimme spricht und so Saladin für sich gewinnt (S. 164). Dass er nicht nur Recha, sondern auch Daja und Geschem bei sich aufnimmt, macht ihn neben seiner leiblichen Rolle als Vater auch zum ideellen Vater einer Morallehre, die heilsame Früchte trägt und die in seinem Hause von allen geachtet und verinnerlicht wird. Am Ende durchbrechen »seine Kinder« die drohenden Rachegelüste und die Trauer mit dem Bekenntnis zu seiner Morallehre. Hätte man Rache an den Mördern Nathans geübt (nicht durch eigene Hand, aber durch die Beschuldigung Abu Hassans), wäre dem vermutlich eine Reaktion der fanatischen Muslime gefolgt. In Schillers Ode »An die Freude« wird der bereits zitierte »Großmut auch dem Bösewicht«[29] als Voraussetzung für die Verbrüderung der Menschen gesehen, und tatsächlich kann Recha dank ihrer gleichen Denkweise am Ende für sich festhalten: »Ich werde dafür sorgen, dass mein Vater in seinen Kindeskindern weiterlebt« (S. 243). Der hohe moralische Anspruch dieser Textbotschaften ist anscheinend für die meisten Menschen kaum umzusetzen. Der Blick in die Geschichte oder auf die Gegenwartskonflikte belegt das im Übermaß, wie der mit Hass und Verbitterung geführte Krieg in Israel, der im Oktober 2023 ausbrach und dessen weitere Entwicklungen vorerst nicht absehbar sind.

Erklärung für den Titel

Der kaum einlösbare Anspruch

29 Schiller, *An die Freude* (s. Anm. 24).

7. Autorin und Zeit

Die Autorin

Die Bedeutung des Lesens

»Ich habe alles gelesen, was ich in die Finger bekam. Ich kann mich erinnern, dass ich in der dritten Klasse einmal in einem Aufsatz meinen Schulweg beschreiben sollte. Ich fand aber meinen eigenen Schulweg langweilig und hatte gerade ein Buch über München gelesen, in dem ein Wort vorkam, das mich begeistert hat. Danach habe ich dann meinen Schulweg beschrieben und geschrieben, dass ich auf dem Weg zur Schule über den Rindermarkt und den Viktualienmarkt gegangen bin.«[30]

Mit dieser Selbstbeschreibung ihrer Leidenschaft fürs Lesen fasst Mirjam Pressler einen wichtigen Halt in ihrem Leben zusammen. Sie wurde am 18. Juni 1940 in Darmstadt als nichteheliche Tochter einer jüdischen Mutter geboren. Damit war sie im NS-Reich vom ersten Tag ihres Lebens an aus politisch-ideologischen Gründen stigmatisiert und als Außenseiterin ohne Aussicht, eine vergleichsweise glückliche Kindheit zu erleben, zumal das NS-Reich am 1. September 1939 den Zweiten Weltkrieg entfesselt hatte und im Hintergrund bereits in den von der Wehrmacht über-

30 Katrin Heise, »Ich habe alles gelesen, was ich in die Finger bekam«, in: *Deutschlandfunk Kultur* (17. 1. 2019), www.deutschlandfunkkultur.de/autorin-und-uebersetzerin-mirjam-pressler-ich-habe-alles-100.html (Stand: 2. 7. 2024).

rannten Gebieten die Vernichtungsmaßnahmen gegen die Juden sowie Bolschewisten anliefen.

Die belastende Kindheit

Mirjam Pressler wuchs bei einer Pflegefamilie und anschließend in einem Internat auf. Die Flucht in die Phantasie- und Lesewelt ist ein gutes Stück weit ein Ersatz für den Mangel einer schöneren Kindheit, wie man annehmen darf. Über ihre Kindheit und Jugend hat Mirjam Pressler nicht gerne gesprochen. Die Kindheit ist belastet durch Prügel und Lieblosigkeit.[31] Sie besuchte das Gymnasium in Darmstadt und Bensheim und studierte anschließend an der Staatlichen Hochschule für Bildende Künste – Städelschule in Frankfurt am Main sowie Philologie und Sprachen in München.[32] Die Jahre zwischen 1962 und 1979 waren bewegt. Sie lebte eine Weile in einem Kibbuz in Israel, heiratete 1964 und brachte bis 1969 drei Töchter zur Welt. Ab 1970 betrieb sie nach der Trennung von ihrem Mann bis 1979 ein Jeansgeschäft in München. Das Jahr 1979 wurde zu einem Einschnitt im Leben Mirjam Presslers. Sie begann neben einer Bürotätigkeit in Teilzeit mit dem Schreiben, auch aus finanziellen Nöten, wie sie einräumte.[33] Ihr erster Roman

31 Vgl. Frank Griesheimer, »Das Kind in meinem Inneren«, in: *Die Welt* (12. 6. 2010), www.welt.de/welt_print/kultur/literatur/article8009527/Das-Kind-in-meinem-Inneren.html (Stand: 2. 7. 2024).

32 Vgl. Bayerische Staatsbibliothek, »Mirjam Pressler«, in: *Literaturportal Bayern*, www.literaturportal-bayern.de/autorinnen-autoren?task=lpbauthor.default&=119290650 (Stand: 2. 7. 2024).

33 Vgl. ebenda.

Abb. 11: Mirjam Pressler, mit Amos Oz, 2015 – © picture alliance / dpa | Jan Woitas

Bitterschokolade (1980) wurde bereits zu einem Erfolg, der mit dem Oldenburger Kinder- und Jugendbuchpreis gewürdigt wurde.

Ein gewaltiges Lebenswerk

In der Folge erschienen in dichter Serie mehr als 40 Bücher, die sie zu einer der wichtigsten Kinder- und Jugendbuchautorinnen im deutschsprachigen Raum machten. Daneben machte sie sich einen Namen als Übersetzerin. Mehr als 400 Übersetzungen aus dem Englischen, Hebräischen, Niederländischen und Afrikaans hat sie geschrieben.[34] Zu den deutschen Übersetzungen gehören Werke von einem der

34 Vgl. Heise (s. Anm. 30). Bei *Wikipedia* werden einmal 300 und dann sogar 500 Übersetzungen erwähnt, vgl. »Mirjam

wichtigsten israelischen Schriftsteller, Amos Oz, der mehrfach für den Literaturnobelpreis im Gespräch war. Weitere Autoren sind Batya Gur, Zeruya Shalev und Aharon Appelfeld. Pressler hat aus dem Niederländischen eine kritische Ausgabe des Tagebuchs von Anne Frank veröffentlicht, der 1992 eine von ihr verfasste Biografie von Anne Frank mit dem Titel *Ich sehne mich so* folgte. Im Jahr 2009 kam dann ein weiteres Werk über die Familie von Anne Frank auf den Markt, *»Grüße und Küsse an alle«. Die Geschichte der Familie von Anne Frank.*

Schwerpunkte in ihrer Arbeit

Die beeindruckende Arbeitsleistung Presslers ist das Ergebnis einer fast an Arbeitssucht grenzenden Arbeitsweise. Ihr Lektor Frank Griesheimer beschrieb das in einem Artikel aus dem Jahr 2010 wie folgt:

> »Seit nunmehr zwanzig Jahren begleite ich Mirjam Presslers Werke als Lektor und bestaune fassungslos ihre Produktivität. Ja, es stimmt, was man so hört: Sie kann ohne Arbeit nicht leben, sie arbeitet sogar im Gehen, in der Badewanne, in Hotelzimmern und im Urlaub. Ja, sie hört beim Autofahren Hörbücher und beim Arbeiten Radio (und zwar Wortsender). Aber in den letzten Jahren ist sie ruhiger und gelassener geworden, zumindest innerlich. Sie ruft ihren Lektor nicht mehr nachts um drei an, wenn sie nicht weiterkommt, und bis sie

Pressler«, in: *Wikipedia*, https://de.wikipedia.org/wiki/Mirjam_Pressler (Stand: 2.7.2024).

ein Feedback zu einem neuen Kapitel erhält, kann sie schon mal einen ganzen Tag warten.«[35]

Dabei kommt ihrer Arbeit von Beginn an auch die Funktion der Aufarbeitung der eigenen unschönen Kindheitserlebnisse zu, wie es scheint. Häufig geht es um Jugendliche, die ein Gefühl der Entwurzelung, der sozialen Bedrängung oder andere seelische Nöte erleben, um »beschädigte Kindheiten«[36], wie Roswitha Budeus-Budde in einem Nachruf auf Mirjam Presslers Lebenswerk in der *Süddeutschen Zeitung* schrieb.

Die Bedeutung der Biografie

Die Hälfte ihrer Texte sei autobiografisch, wird sie zitiert, und welche Hälfte das sei, werde sie nicht verraten.[37] In ihrem Werk spiegelt sich schwerpunktmäßig auch das Judentum, was sich nicht nur an den zahlreichen Übersetzungen israelischer Schriftstellerinnen und Schriftsteller und mehreren eigenen Romanen (*Shylocks Tochter*, 1999; *Golem, stiller Bruder*, 2007; *Nathan und seine Kinder*, 2009), sondern auch in ihrem letzten Roman *Dunkles Gold* (2019) zeigt. Neben der immensen Arbeitsleistung sind die vielen Lesungen zu erwähnen, in denen sie im anschließenden Gespräch mit dem Publikum auf Fragen der Zeit einging, was ihr breit angelegtes Werk zum Ausdruck

35 Griesheimer (s. Anm. 31).
36 Roswitha Budeus-Budde, »Dem Glück einen Stuhl hinstellen«, in: *Süddeutsche Zeitung* (16. 1. 2019), www.sueddeutsche.de/kultur/mirjam-pressler-jugendliteratur-1.4290624 (Stand: 2. 7. 2024).
37 Vgl. Griesheimer (s. Anm. 31).

bringt. Die Literaturwissenschaftlerin Gabriele Glasenapp spricht sich dafür aus, ihr Gesamtwerk und ausdrücklich auch ihre Kinder- und Jugendbücher als »Teil der allgemeinen Literatur«[38] anzusehen. Mirjam Pressler starb am 16. Januar 2019.

Die Zeit

Ansehensverlust und Frömmigkeit

In den letzten Jahren des 11. Jahrhunderts war das Ansehen der Kirche auf einem Tiefpunkt angelangt, obwohl die Frömmigkeit der Bevölkerung besonders ausgeprägt war. Diese widersprüchliche Konstellation sollte sich noch mehrmals wiederholen, und sie war stets mit Unheil verbunden. Um den Zustand der Kirche war es nicht erst seit dem 11. Jahrhundert schlecht bestellt. Die weltlichen Machthaber hatten es verstanden, geistliche Würdenträger zu Handlangern ihrer Politik zu machen, indem sie Eingriffsrechte in kirchliche Angelegenheiten beanspruchten oder sogar kirchliche Ämter vergaben, wofür sie Dankbarkeit erhoffen konnten. In der Bevölkerung war man über den Lebenswandel in manchen Klöstern bzw. von manchen Dorfpfarrern entsetzt.

Gescheiterte Reformbemühungen

Wiederholte Reformbemühungen innerhalb der Kirche sollten Abhilfe schaffen. Als Papst Gregor VII. (1073–85) im berühmten Investiturstreit mit Kaiser Heinrich IV. (1056–1106) eine Machtprobe riskierte, gingen beide Seiten letztlich mit einem ramponierten Ansehen aus den

38 Zit. nach: Griesheimer (s. Anm. 31).

Abb. 12: Die Zeit der Kreuzzüge – © Inka Grebner

Streitigkeiten um die Vorherrschaft heraus. Die Kircheneinheit war seit dem Schisma (der Kirchenspaltung) im Jahr 1054 in die Westkirche und die orthodoxe Ostkirche ein erhoffter Zustand vor allem der kirchlichen Eliten. Im einfachen Volk hatte man andere Sorgen, und man versuchte trotz der Bedrohungen durch Krankheiten, Missernten oder allgegenwärtige Fehden unter den Adligen ein gottgefälliges Leben zu führen, um wenigstens im Jenseits das ewige Seelenheil zu sichern.

Eine Rede und ihre Folgen

In dieser Situation fand eine Rede des Papstes Urban II. (1088–99) auf einer Kirchensynode in Clermont 1095 ein unerwartetes und historisch seltenes Echo. Ein Hilferuf des byzantinischen Kaisers Alexios I. Komnenos (1081–1118) um Beistand im Kampf gegen das machtvolle Seldschukenreich schien dem Papst eine passende Gelegenheit zu sein, die Position des römisch-katholischen Stuhls zu stärken, indem er im orthodox geprägten Osten helfend einsprang und zugleich seine Bedeutung für die europäischen Fürsten unterstrich, wenn er sie bzw. die Christenheit zum Kreuzzug aufforderte. Der Aufruf zur Befreiung der heiligen Stätten in Palästina bzw. Jerusalem von den Muslimen ging einher mit einer Schilderung von Verbrechen an den Pilgern. Die rhetorisch ungemein effektvolle Rede mobilisierte in den folgenden fünf Jahren wohl an die 100 000 Menschen.[39]

39 Vgl. Felix Hinz, *Kompaktwissen Geschichte. Die Kreuzzüge*, Stuttgart 2017, S. 7.

Der Volkskreuzzug

Der Aufbruch von einer gemischten Menschenmenge bereits im Frühjahr 1096 geschah in Teilen wohl spontan, und den meisten Leuten fehlte militärische Professionalität. Gründe für den Aufbruch gab es einige. Religiöser Eifer, die Hoffnung auf Vergebung der Sünden, Abenteuerlust, die Flucht vor schlechten Lebensbedingungen oder die Aussicht auf neue Perspektiven sind zu nennen. Aufgepeitscht durch die Rede verübten manche in ihrer religiösen Erregung in zügellosen Gruppen bereits auf dem Gebiet des Reiches spontane Pogrome gegen die Juden, die kurzerhand als Nichtchristen zum Feindbild gemacht wurden. Die Zahl der Opfer in der Rheingegend stieg wohl in die tausende. Diese Gruppen des sogenannten Volkskreuzzugs verbreiteten auf ihrem Zug nach Konstantinopel mit ihren Übergriffen einen schlechten Ruf, sodass sie von Kaiser Alexios schnell in Richtung Kleinasien weitergeleitet wurden. Dort wurde ein Großteil bei Nicäa von den Seldschuken vernichtend geschlagen.

Der Kreuzzug der Fürsten

Die Vorbereitung der Fürsten dauerte etwas länger. Mit Gottfried von Bouillon aus Lothringen, Robert von Flandern, Robert von der Normandie, Bohemund von Tarent und anderen Adligen aus Frankreich waren erfahrene Heerführer zusammengekommen, die sich in ihrem Ehrgeiz nicht auf einen Oberbefehl verständigen konnten und getrennt nach Konstantinopel marschierten. Im April 1097 waren die letzten Truppen angekommen. Kaiser Alexios sah die Zusammenballung des mindestens 50 000 Mann starken Heeres misstrauisch, waren doch nicht wenige Ritter aus Süditalien unter ihnen, mit denen Byzanz Krieg geführt hatte; zudem befürchtete er, dass die Heere ehemalige byzantinische Gebiete erobern und an sich reißen würden. Es gelang ihm, den Fürsten einen Treueeid ihm gegenüber abzutrotzen, den diese kaum ernst nahmen, wie sich zeigen sollte.

Der weitere Zug über den Bosporus nach Kleinasien zeigte alsbald die Schwächen eines fehlenden Oberbefehlshabers auf. Wiederholte Kämpfe mit den Seldschuken schwächten die Kreuzfahrer. Nicäa wurde im Mai 1097 belagert, ergab sich aber und entging der Plünderung. Auf dem weiteren Marsch in der zweiten Hälfte des Jahres 1097 gab es weitere Kämpfe mit den Seldschuken und schließlich den offenen Bruch im Heer, als Balduin von Boulogne mit der Grafschaft Edessa im Jahr 1098 einen eigenen Kreuzfahrerstaat gründete und den Eid gegenüber Kaiser Alexios brach. Das restliche Heer bekam mit frischen Kräften vor allem aus Genua die Stärke, die ausreichte, um Antiochia, wenn auch durch Verrat, einzunehmen und kurz darauf einer gewaltigen Übermacht der Seldschuken zu trotzen. Dabei kam die Legende von der Heiligen Lanze zu Hilfe, die man gefunden zu haben glaubte, was die Motivation der geschwächten Kreuzfahrer steigerte. Der Erfolg in Antiochia führte zur Gründung eines weiteren Kreuzfahrerstaates unter Bohemund von Tarent und damit zum Bruch des besagten Treueeids.

■ Uneinigkeit von Beginn an

Der weitere Zug des geschrumpften und durch Seuchen und Hunger zusätzlich dezimierten Heeres durch Palästina führte zu furchtbaren Gräueltaten, als sich nach der Eroberung Maaras die ausgehungerten Truppen der Kreuzfahrer zu Kannibalismus hinreißen ließen und damit in der arabischen Welt ein unvergessenes Schreckensbild hinterließen. Der weitere Kampf bis vor die Mauern Jerusalems im Jahr 1099 schien kurz vor dem von den Kreuzfahrern ersehnten Ziel aussichtslos zu sein, zumal es an schwerem Belagerungsgerät für die gut befestigte Stadt fehlte. Die Verteidiger hatten die Brunnen der Umgebung unbrauchbar gemacht und das mühselig herbeigeschleppte Wasser verursachte schwere Krankheiten. Nach fünfwöchiger Belagerung gelang am 15. Juli 1099 mit dem Mut der Verzweiflung die Einnahme Jerusalems. Das anschließende Massaker an den Besiegten hat sich tief in das kollektive Gedächtnis in der arabischen Welt eingeprägt und dürfte für die erbarmungslosen Kämpfe in den folgenden Jahren verantwortlich sein.

Gräueltaten

Das bedeutendste Resultat des Ersten Kreuzzugs war die Errichtung von mehreren Kreuzfahrerstaaten, die allein schon beweisen, dass die Kreuzzüge keineswegs eine rein religiöse Ursache hatten. Es gelang zunächst, diese Kreuzfahrerstaaten auszubauen und zu behaupten. Dafür spielten die bald gegründeten Kreuzritterorden eine wichtige Rolle, weil sie in die Verteidigung Jerusalems und den Schutz der Pilger eine hohe persönliche Motivation einbrachten. Das Manko des langen und gefahrvollen Landweges konnten die Schiffsverbindungen aus Italien nur teils wettmachen, was sich bereits 1144 mit dem Fall Edessas

Kreuzfahrerstaaten

bestätigte, der im Abendland einen Schock auslöste. Der folgende Zweite Kreuzzug ist eine Konsequenz dieses Schocks. Im Dezember 1145 rief der Papst zum Kreuzzug auf, unterstützt durch die leidenschaftlichen Predigten von Bernhard von Clairvaux, einem einflussreichen Abt und Kirchenlehrer. Der Kreuzzug geriet zu einem Bündnis des französischen und des deutschen Königs, sodass man den Eindruck hatte, mit diesen illustren Herrschern den Kreuzzug erfolgreich führen zu können. Das Gegenteil war der Fall. Der Kreuzzug geriet zu einem militärischen Desaster, das mit einer ganzen Kette verblüffender Fehleinschätzungen zu tun hatte; bereits in den Kämpfen in Kleinasien hatten die Heere so hohe Verluste gegen die Seldschuken erlitten, dass der Kreuzzug verloren war, ehe er Palästina erreichte. In der Folge erhöhte sich der Druck auf die Kreuzfahrerstaaten stark.

Saladin wird zur beherrschenden Gestalt

Mit dem kurdischstämmigen Heerführer Saladin (geboren 1137/38) betrat ein Mann die Bühne des Nahen Ostens, dessen Intellekt und militärische Kompetenz die Kreuzfahrerstaaten in die Knie zwangen. Ab 1171 begann er nach einem Feldzug in Ägypten als Sultan Schritt für Schritt seine Vision eines sunnitisch-islamischen Großreichs umzusetzen, indem er zunächst Syrien unterwarf und dann die Eroberung Jerusalems anging, das praktisch in die Zange genommen wurde. Den entscheidenden Erfolg verbuchte er in der Schlacht von Hattin 1187, die ein Lehrstück in der Ausnutzung der natürlichen Gegebenheiten in der Wüste sowie der Schwächen der christlichen Bewaffnung war. Saladin gelang es, die schwergepanzerten Kreuzritter in wasserlose Gegenden zu drängen, permanent mit seinen wendigen Reiterbogenschützen zu schwächen, von Quellen fernzuhalten und die Atemluft mit dem Abbrennen von Buschwerk zu beeinträchtigen, sodass sie in der finalen Schlacht fast völlig aufgerieben wurden. Die Überlebenden wurden fast alle geköpft. Saladin verstand es, den Schwung des Sieges zu nutzen und in der Folge eine Vielzahl von Kreuzfahrerfestungen und Städten einzunehmen, die Teile ihrer Besatzungen in der Schlacht von Hattin verloren hatten. Im Oktober 1187 fiel Jerusalem nach kurzer Belagerung und die Kreuzfahrer konnten lediglich mit Antiochia, Tripolis und Tyros drei wichtige Städte halten. Der Sieg machte Saladin zur Legende und stürzte das Abendland kollektiv in die Depression. Allerdings schuf die Niederlage auch den Willen, einen weiteren Kreuzzug zu versuchen. Schnell sandte beispielsweise König Wilhelm II. von Sizilien eine große Hilfsflotte, die Tripolis standzuhalten half. Kein geringerer als Kaiser Friedrich Barbarossa setzte sich an die Spitze eines großen Heeres, das auf dem Landweg Zuwachs erhielt und kaum aufzuhalten schien. Ein Unglück brachte die Wende – Friedrich ertrank 1190 in einem Fluss. Ein Großteil des Heeres kehrte demoralisiert um; nur wenige zogen weiter und schlossen sich nachfolgenden Truppen an.

■ Saladins brillante Taktik

■ Richard Löwenherz betritt die Bühne

Der englische König Richard I. und der französische König Philipp II. hatten alte Streitigkeiten zugunsten der Kreuzzugsidee aufgegeben und marschierten getrennt nach Palästina. Auf dem Weg nahm Richard »Löwenherz« dem Byzantinischen Reich die Insel Zypern weg, bevor er erst im Sommer des Jahres 1191 bei der letztlich langwierigen Eroberung der Stadt Akkon half. Dabei konnte er dem Heer Saladins eine Niederlage beibringen, die es Saladin geraten sein ließ, keine weiteren offenen Schlachten mit Richard zu riskieren und ihm stattdessen mit den leichten Reiterverbänden zuzusetzen. Allerdings verscherzte es sich Richard mit seinem französischen Verbündeten Philipp und dem österreichischen Herzog Leopold, weil der kräftig gewachsene Richard einen arroganten Charakter hatte und andere schnell kränkte. Die Heere Frankreichs und Österreichs zogen ab; Richard versuchte allein nach Jerusalem vorzudringen. Dieser Versuch blieb letztlich aussichtslos, da Saladin ein intaktes Hauptheer unterhielt und den Druck auf die Küstenstädte der Kreuzfahrer dauerhaft erhöhen konnte, während Richard die Zeit davonlief. Viele Kreuzritter liebäugelten mit der Heimreise, falls ihr Gelübde annähernd erfüllt worden wäre. In England war Richards Thron durch seinen Bruder in Gefahr und der französische König griff englische Lehen in Frankreich an. Auch die wenig realistischen Heiratspläne Richards, der seine Schwester mit dem Bruder Saladins verheiraten wollte und dies in geheimen Verhandlungen besprechen ließ, scheiterten. Als Richard von der Eroberung Jerusalems zugunsten der dringend gebotenen Rückreise in die Heimat absah, brachte er nicht mehr als einen ausgehandelten dreijährigen

Kein Erfolg trotz Stärke

Waffenstillstand, den freien Zugang der Pilger nach Jerusalem und den Besitz der verbliebenen Küstenstädte zustande. Der Roman *Nathan und seine Kinder* spielt in dieser Phase des Dritten Kreuzzugs, der im Oktober 1192 auslief, als Richard nach dem diplomatischen Frieden die Heimreise antrat. Weitere Kreuzzüge sollten folgen, die es aber hier nicht weiter zu betrachten gilt.

8. Rezeption

Ein selten positives Presseecho

Für eine erfahrene, renommierte Autorin wie Mirjam Pressler ist es vielleicht leichter, in die Herzen des Lesepublikums zu gelangen. Ihr Roman wurde nach seiner Veröffentlichung jedenfalls ausgesprochen positiv aufgenommen. Andrea Huber kam in der *Welt* am 7. 2. 2009 über Presslers Erfahrungen als Jugendbuchautorin zu einer positiven Einleitung ihrer Besprechung:

> »Bei allem Respekt vor dem großen Dichter geht die erfahrene Jugendbuchautorin doch erfrischend anders an den Stoff heran. Vor allem erlaubt ihr das Genre mehr Freiheit, denn in ihrem Roman werden Ideen verkörpernde Figuren zu lebendigen Wesen, die zur Identifikation einladen. Statt einem entrückten Weisen begegnen wir hier dem Menschen Nathan, weil Mirjam Pressler sich Zeit nimmt, seine Wandlung vom rachsüchtigen jüdischen Familienvater, der um seine von Christen ermordete Familie trauert, zum Versöhner darzustellen. Dies wird erst möglich, als das Schicksal ihm die elternlose Recha anvertraut.«[40]

Huber lobte die Romansprache als bildhaft und zeitlos und ging auf die Unterschiede zu Lessings Drama

40 Andrea Huber, »Der Weise und seine Kinder«, in: *Die Welt* (7. 2. 2009), www.welt.de/welt_print/article3162927/Der-Weise-und-seine-Kinder.html (Stand: 2. 7. 2024).

und die von Pressler genannten Gründe dafür ein, die mehr im Sinne der jugendlichen Leser sein dürften, wie sie mutmaßte. Huber stellte aber gleichzeitig auch die Nähe Presslers zu Lessing fest. Nur individuelle Entscheidungen, die auf einer unpolitischen Ethik fußen würden, könnten aus dem Teufelskreis der Intoleranz führen, meinte sie. Sie schloss ihre Rezension mit einem Verweis auf das andere Thema des Romans, das ihrer Meinung nach die Suche nach Identität sei. Siggi Seuss stellte am 12. 2. 2009 in der *Zeit* die ungelösten Konflikte zwischen Palästinensern und Israelis im Jahr 2009 heraus, die helfen könnten, ein Grundanliegen des Romans zu reflektieren – oder umgekehrt.[41] Auch weitere Rezensionen wie die in der *Tageszeitung* von Angelika Ohland am 7. 3. 2009 fielen günstig aus.[42] Ulf Cronenberg war am 2. 4. 2009 auf der Webseite *Jugendbuchtipps.de* voll des Lobes: »Mirjam Pressler ist die Modernisierung von Lessings Drama sehr gut gelungen. Geschickt erzählt die Autorin die wesentlichen Inhalte des Theaterstücks nach, nicht ohne dabei auch ein bisschen Freiheit walten zu lassen.«[43] Cronenberg hebt die einfühlsame Erzählweise

41 Vgl. Siggi Seuss, »Jerusalem 1192«, in: *Die Zeit* (12. 2. 2009), www.zeit.de/2009/08/KJ-Luchs-Nathan (Stand: 2. 7. 2024).

42 Vgl. das bekannte Kulturmagazin *Perlentaucher*, www.perlentaucher.de/buch/mirjam-pressler/nathan-und-seine-kinder.html (Stand: 2. 7. 2024) oder im Original Angelika Ohland, »Ein ›Nathan‹ mit leichter Hand«, in: *taz* (7. 3. 2009), https://taz.de/!708417/ (Stand: 2. 7. 2024).

43 Ulf Cronenberg, »Buchbesprechung: Mirjam Pressler ›Nathan und seine Kinder‹«, in: *Jugenbuchtipps.de*

hervor, den Perspektivenwechsel sowie die Tatsache, dass der Roman das Gedankengut der Aufklärung ohne erhobenen Zeigefinger nahebringe.

Preis- gekrönter Bestseller

Der Roman konnte auch bei Preisen punkten. Im Jahr 2009 erhielt der Roman den Jugendbuchpreis »Corine«.[44] Im Jahr 2010 wurde er für den Deutschen Jugendliteraturpreis nominiert. In der Begründung hieß es:

> »Die historisierend poetische Sprache verleiht dem Text seine atmosphärische Dichte. Die Figuren zeigen Menschen aus Fleisch und Blut mit ihren Sehnsüchten, ihrer Trauer, ihren Ängsten und ihren Verstrickungen. Glossar und Zeittafel runden den Roman ab. Mirjam Pressler hat Lessings berühmter Parabel neues Leben eingehaucht und deren religionsphilosophischen Kontext neu ausgedeutet.«[45]

(2. 4. 2009), www.jugendbuchtipps.de/2009/04/02/buchbesprechung-mirjam-pressler-nathan-und-seine-kinder/ (Stand: 2. 7. 2024).

44 Vgl. »CORINE 2009 – Jugendbuchpreis für ›Nathan und seine Kinder‹ von Mirjam Pressler«, in: *mirjampressler.de* (28. 8. 2009), www.mirjampressler.de/presse/137/corine-2009-jugendbuchpreis-fuer-nathan-und-seine-kinder-von-mirjam-pressler (Stand: 2. 7. 2024).

45 Arbeitskreis für Jugendliteratur e. V., »Deutscher Jugendliteraturpreis Nominierungen 2010«, www.jugendliteratur.org/_files_media/akj_publikationen_pdf/djlp_2010_nominierungsliste_druckfassung_26.pdf (Stand: 2. 7. 2024).

Sie wurde dann bei der Preisverleihung mit einem Sonderpreis für ihr Gesamtwerk ausgezeichnet, wofür der Roman auch eine Rolle gespielt haben dürfte.[46]

Wichtig für Schriftstellerinnen und Schriftsteller sowie deren Verlage sind aber natürlich auch die finanziellen Aspekte, die schließlich die Säulen des modernen Buchmarkts darstellen. Die Erfahrung lehrt, dass die Bewertungen der Literaturkritik keineswegs deckungsgleich mit dem Markterfolg sein müssen. Bei den Online-Bewertungsportalen der großen Buchhandelsketten wurde dem Roman aber gleichfalls ein bislang gutes Zeugnis ausgestellt. Bei Amazon zeugen hunderte von Bewertungen bei einem Durchschnitt von 4,4 von 5 Sternen sowie die hohen Verkaufszahlen von einer ansprechenden Resonanz. Ähnlich ist es bei anderen Handelsketten wie Thalia oder Osiander. Beim beliebten Internetportal für Buchfreunde, *Goodreads.com*, fallen die Meinungen hingegen etwas kritischer aus.

■ Auch das Lesepublikum ist angetan

Der schnelle Erfolg des Romans zog 2010 die Hörbuchfassung des Jumbo Verlags nach sich, bei der Julia Nachtmann und andere mitwirkten.

46 Vgl. ebenda.

9. Wort- und Sacherläuterungen

Die bislang exklusive Ausgabe des Romans ist mit einem Glossar für erklärungsbedürftige Begriffe und Sachverhalte versehen. Wer den Roman liest, ist gut beraten, dieses Glossar zu nutzen, das alphabetisch geordnet ist. Die Erstellung eines weiteren Glossars ist damit weitgehend hinfällig und im Folgenden sollen nur wenige ergänzende Hinweise in der Reihenfolge der Seiten- und Zeilenzahl gegeben werden.

9,2 **Maulbeerbaum:** sommergrüner Baum, 8–15 m groß; ein klassisches Symbol der Klugheit.

10,23 **das große, rote Kreuz:** Symbol des Templerordens, gegründet im Jahr 1118.

13,8 **purpurfarbenen Decke:** die Herstellung der Farbe aus den Purpurschnecken ist kostspielig und gilt seit der Antike als Zeichen des Reichtums bzw. des Adels.

15,29 **Damast, Brokat:** kostspielige, hochwertige Stoffe.

17,26 **Ysop:** Heilpflanze.

33,1 **Semlin:** damals südungarische Stadt; heutiger Name: Zemun oder Zimony, Stadtbezirk von Belgrad.

34,1 f. **Hellespont ... Arm des Sankt Georg:** heutiger Name: Dardanellen. Übergang über den Bosporus zwischen Europa und Kleinasien. Georg war ein Märtyrer zur Zeit der frühen Christenverfolgungen; deshalb ist die Erwähnung bedeutsam.

49,10 **Alabasterfläschchen:** Alabaster: kostbare Gipsart.

61,26 **Souk:** (arab.) Marktviertel.

84,29 f. **Sultan ausliefern:** tatsächlich haben die sog. Assassinen, eine radikale Sekte unter Führung von Raschid ad-Din Sinan (gest. 1193), mindestens zwei Attentate auf Saladin verübt sowie erfolgreich im Jahr 1192 auf Konrad von Montferrat, den König von Jerusalem. Sowohl Richard I. als auch Saladin standen im Verdacht, das Attentat eingefädelt zu haben.

90,13 **Ghebern:** alter Volksstamm aus Persien.

110,15 **Zeder:** immergrüner Kiefernbaum.

121,16 **Friedensabkommen:** Richard Löwenherz bemühte sich zeitweilig und vielleicht auch nicht ernsthaft um eine friedensstiftende Heiratspolitik zwischen seiner und Saladins Familie und unterschätzte dabei die unterschiedlichen Gepflogenheiten.

133,8 **zu spät gekommen:** die Hinrichtung der Geiseln im Jahr 1191 war wohl zeitgenössisch nicht unüblich, sorgte aber für unversöhnliche Wut.

187,4 **gegen die Juden:** gemeint sind die Pogrome vor allem der Volkskreuzzügler, vgl. 7. Kapitel dieses Lektüreschlüssels.

198,17 **Sodom:** vgl. im Alten Testament das Buch Genesis (1. Mose).

10. Prüfungsaufgaben mit Lösungshinweisen

Aufgabe 1: Erklärung des Romantitels / des Entstehungskontextes

Arbeitsauftrag: Erklären Sie vor dem Hintergrund der Handlung die Bedeutung des Romantitels und berücksichtigen Sie dabei die »Nachbemerkung« (S. 249–251).

Vorbemerkung: Der sogenannte Operator »Erklären« ordnet die Aufgabe im mittleren Niveaubereich ein. Man sollte einen klassisch gegliederten Aufsatz (Einleitung, Hauptteil, Fazit/Schluss) anvisieren. Es ist empfehlenswert, sich Zeit für eine stichwortartige Gliederung auf einem Konzeptpapier zu nehmen, die die einzelnen Inhalte oder Belege mit Seitenzahl bereits enthält. Das Herunterschreiben in Reinschrift braucht dann nicht viel Zeit. Wenn man das nicht tut, arbeitet man oft doppelt oder verbessert mit den berüchtigten Streichereien in Klassenarbeiten den eigenen Text, sodass er optisch unansehnlich wird. Zu erwarten wären u. a. die Gründe, die Mirjam Pressler veranlassten, den Roman zu schreiben (zunehmende Distanz zum Drama Lessings) sowie die Tatsache, dass im Roman Nathans Werte von seinen Ziehkindern übernommen werden, weil sie ihre Vorzüge selbst erleben.

Lösungshinweise in knapper Fassung

Mitunter ist der Titel eines literarischen Werks eine knappe Andeutung, worum es sich inhaltlich handeln wird, auch wenn das in der Regel vorerst unklar bleibt. Dies dürfte bei dem Drama *Nathan der Weise* (1779) aus der Feder von Gotthold Ephraim Lessing der Fall sein. Manchmal ist der Titel sogar ein kleiner Hinweis auf die Textbotschaft. Das ließe sich ebenfalls bei Lessings Drama feststellen und bei Mirjam Presslers Roman *Nathan und seine Kinder* beweisen. Der Roman greift nämlich den berühmten Namen auf und stellt sich assoziativ in das Erbe des Aufklärungsdramas, sodass eine Handlung in diesem Zusammenhang zu erwarten ist. Wenn man dann schließlich Presslers Roman gelesen hat, dürfte klar sein, dass es im Vergleich zum Drama einige Veränderungen gegeben hat. Neben der Umschichtung vom Drama zum Roman und den damit verbundenen sprachlich-stilistischen Entscheidungen (ein gehobenes, für alle Figuren gleiches Sprachniveau, die der Epik eigene Detailliertheit der Beschreibungen) sind es vor allem die inhaltlichen Einzelheiten aus der Vergangenheit Nathans. Der Verlust seiner Familie – im wahrsten Sinne des Wortes seiner Kinder – und die damit verbundenen seelischen Abgründe werden genau beschrieben. Dem drohenden Absturz entgeht Nathan nur, weil ihm Recha anvertraut wird (»Gott hat mir eines für sieben gegeben«, S. 48). Nathan durchbricht damit den Kreislauf der Gewalt und kann mit und für Recha ein neues Leben aufbauen (»Er zog nach Jerusalem, besorgte eine Amme für das Kind und richtete ein Haus ein«, S. 48). Sein neues Kind Recha bleibt nicht das einzige. Nach und nach wächst die Hausgemeinschaft, weil Nathan nach dem Prinzip der gelebten Barmherzigkeit Menschen, die am Boden sind, eine Perspektive eröffnet, Verantwortung übergibt und sie wie leibliche Anverwandte behandelt. Daja wird so aus der Gosse aufgelesen und zur liebevollen Gesellschafterin Rechas (S. 38 f.). Nathans Freund und Verwalter Elijahu handelt wie Nathan und liest den geschundenen Geschem von der Straße auf. Er lebt zunächst als Diener im Haus, bis Nathan die Identitätskrise des namenlosen Jungen erkennt und ihm erst einen Namen (S. 22 f.) und kurz darauf mit Elijahu praktisch einen Adoptivvater gibt (»Er hat keinen Vater und du hast keinen Sohn«, S. 53). Wenn auch in anderer Form, gilt dieses Muster auch für den Templer, dem er seine Anschauungen vermittelt (S. 105–107) und den er als Freund aufnimmt, sodass dieser wie die anderen anfängt Nathans Wertekanon anzunehmen und auch zunehmend umzusetzen. Letzteres wird deutlich, als der Templer nach der Ermordung Nathans schließlich von seinen Rachegedanken absieht und Rechas Ansinnen zu teilen scheint, das geistige Erbe ihres Vaters anzutreten (S. 247). Recha selbst bringt als eine der Hauptfiguren, wenn nicht die Hauptfigur, diese Philosophie auf eine prägnante Formel, als sie al-Hafi sagt, dass es nichts Größeres auf der Welt gebe als Liebe und Barmherzigkeit. Mit den Worten »Ich werde dafür sorgen, dass mein Vater in seinen Kindeskindern weiterlebt« (S. 243) bringt sie den Titel des Romans und die Textbotschaft auf den Punkt. Zuletzt sei noch die »Nachbemerkung« Presslers auf den

Seiten 249–251 erwähnt. Die Essenz der Ausführungen lautet, dass im Laufe der Jahre nach Lessings Drama das Wissen um die historischen Hintergründe sowie die Ideen Lessings Schaden genommen haben. Um dem entgegenzuwirken, ist der Roman entstanden; nicht als »Gegentext zu Lessing« (S. 251), sondern als zeitgemäße Wiederaufnahme der aufklärerischen Ideen in Gestalt einer Variation (»Nur eine Variation«, S. 251). Das Fazit könnte also lauten, dass der Titel die Absicht Rechas im Roman aufgreift, die Werte ihres Vaters Nathan weiterzuvermitteln, was letztlich das Lesepublikum als Adressaten meint, das dadurch in einem übertragenen Sinn zu Kindern Nathans werden soll, eben weil die Probleme der Konflikte zwischen den Religionen bis dato nicht behoben sind.

Aufgabe 2: Charakterisierung des Patriarchen

Arbeitsauftrag: Charakterisieren Sie die Figur des Patriarchen und gehen Sie auch auf seine Bedeutung im Roman ein.

Vorbemerkung: Die Personen- oder Figurencharakterisierung führt zu einer reizvollen Auseinandersetzung mit Literatur. Es gilt, in geordneter Vorgehensweise (wie allgemeine Merkmale und Kennzeichen einer Person bzw. ihr Äußeres, gesellschaftlicher Stand, Beziehungen zu anderen, Einstellungen, Vorhaben) eine Figur vorzustellen, dies gut am Text zu belegen und eigentlich auch zu bewerten. Deshalb ist diese Aufgabe nicht nur im mittleren Anforderungsbereich angesiedelt, sondern geht immer wieder auch darüber hinaus. Am Ende sollte ein klassisch gegliederter Aufsatz stehen.

Lösungshinweise in knapper Fassung

Im Roman *Nathan und seine Kinder* nimmt der Patriarch, gemessen an seinen Auftritten im Vergleich zu anderen Figuren, eine scheinbar kleine Rolle ein, was aber täuscht. Das religiöse Oberhaupt der Christen in Jerusalem wird durch den Tempelritter beschrieben, der ihn aufsucht, um sich eine Aufgabe zuweisen zu lassen. Der Patriarch ist in den Augen des Templers eine herausragende »apostolische Autorität« (S. 79). Sein Äußeres zeugt von Reichtum und von einer Liebe zum luxuriösen Leben. Der große und übergewichtige Mann (»ein großer, schwerer Mann«, S. 80) empfängt ihn in seinem pompösen, reich ausgestatteten Schlafgemach, in dessen Mitte ein ob seines Gewichts überdimensionales Bett »mit purpurnen Seidenkissen, purpurnen Überwürfen und einem ebenfalls purpurnen, nun aber zurückgeschlagenen Baldachin« (S. 80) steht. Er hat eine weiche, schlaff wirkende Hand. Sein Blick hingegen ist stechend, sodass sich Leu von Filnek unwohl fühlt (»wie ein kleiner, dummer Knabe«, S. 80). Auch seine Stimme nimmt der Templer als »eindringlich[]« (S. 81) wahr. Das von »Fettwülsten« (S. 81) geprägte Gesicht des Patriarchen scheint, je nach Gefühlslage, ausdrucksstark zu sein. Auch wenn die Augen hinter den Fettwülsten zu verschwinden scheinen, können sie

»wie die eines Raubvogels« (S. 81) funkeln, wenn er einen Plan verfolgt. Auch sein weichlich aussehender Körper wird dann »machtvoll und kraftstrotzend, wie ein Felsblock« (S. 186). Für einen so wichtigen Mann der Kirche legt er ein im menschlichen Umgang wenig achtungsvolles Verhalten an den Tag. Er scheucht die Dienerschaft, die sich unablässig um das Wohl des Patriarchen zu kümmern scheint, unwirsch mit ungeduldigen Handbewegungen fort (S. 81), und deren Eile zu gehorchen lässt die Schlussfolgerung zu, dass der Patriarch von ihnen gefürchtet wird.

Der Patriarch verfolgt religiös motivierte Machtpolitik. Von den anderen Religionen hält er rein gar nichts. Er spricht offen von der Möglichkeit, dass der Templer als Spion arbeiten soll, um das Heer Saladins auszukundschaften (S. 82). Die dafür nötige hinterhältige Täuschung Saladins durch den Templer, der Saladin nach seiner Begnadigung zu Dankbarkeit und zugleich seiner eigenen Ehre als treuherziger Ritter verpflichtet ist, gilt dem Patriarchen nichts (»du schuldest ihm nichts, diesem Heiden, er ist ein Feind der Christen. Du schuldest ihm weder Dankbarkeit noch Freundschaft«, S. 82). Er möchte den Verlust Jerusalems an die Muslime rückgängig machen. Dafür ist eine umfassende Allianz aller Kräfte nötig, nachdem Friedrich Barbarossa gestorben ist, wie der Patriarch überlegt (»die Kreuzritter, die sich nach Tyros zurückgezogen haben, und die Ritter von Arsuf, Askalon, Sidon und allen anderen Burgen, die noch zu unserem Machtbereich gehören, auf unsere Seite bringen, dazu auch die Engländer unter Löwenherz«, S. 84). Er fordert unbedingten Gehorsam gegenüber der Kirche, und es ist gar nicht unwahrscheinlich, dass er als Vertreter des Papstes sich selbst in der Rolle des künftigen Schlachtenlenkers in der großen Auseinandersetzung mit Saladin sieht. Um dieses Ziel zu erreichen, sind ihm auch ein Mordanschlag des Templers oder eine durch ihn eigefädelte Gelegenheit für ein Attentat recht (S. 84 f.). Auch die Juden sind für den Patriarchen wertlose Menschen. Als er ahnt, dass ein Jude die Erziehung eines Christenmädchens übernommen hat (womit Nathan und Recha gemeint sind), bricht der »Hass eines Selbstgerechten« (S. 186) durch und er verlangt vom Templer den Namen, um den Juden mit dem Tode zu bestrafen. Dass er alle seine Absichten eloquent und körpersprachlich wirkungsvoll vertritt, untermauert mit Bibelzitaten (S. 184), gibt ihm die maßgebliche Rolle auf der Seite der Christen, die wohl mitverantwortlich für die Unversöhnlichkeit der Lage zeichnet. Insgesamt ist der Patriarch also eine ähnlich fanatische Figur, wie es auf der Seite der Muslime Abu Hassan und der jüngere Bruder Saladins sind, die im Grunde einen gnadenlosen Vernichtungskampf gegen die anderen Religionen führen möchten. Der Patriarch steht mit dieser Haltung wie seine Kontrahenten auf der anderen Seite anschaulich für die Gründe, die eine friedliche Koexistenz der Religionen verhindern, »die bis heute nicht gelingt« (S. 249).

Aufgabe 3: Auseinandersetzung mit Literatur: das Romanende

Arbeitsauftrag: Setzen Sie sich mit dem Ende des Romans und der für Sie erkennbaren abschließenden Textintention auseinander. Berücksichtigen Sie auch Ihre Kenntnisse über Lessings Drama.

Vorbemerkung: Diese anspruchsvolle Aufgabe setzt zwingend die Grundkenntnisse über den Handlungsverlauf von Lessings *Nathan der Weise* voraus. Da es bei den vollen Lehr- und Bildungsplänen eher unwahrscheinlich ist, dass man das Drama und den Roman behandelt hat, kann man sich im Falle der Schwerpunktsetzung zugunsten des Romans im Zuge einer Unterrichtseinheit zu Presslers Roman mit Auszügen aus Lessings Drama behelfen und ergänzend solide verfasste Inhaltsübersichten nutzen.[47] Ich gebe zu, dass ich das nicht für ideal halte, weil es immer der Ehrgeiz sein sollte, alles im Original zu lesen. Allerdings wird jede Lehrkraft in der Alltagspraxis Entscheidungen darüber treffen müssen, was mit einer spezifischen Lerngruppe machbar ist und was eben nicht. Die Aufgabe lässt eine gewisse Freiheit in der Ausgestaltung, wobei eine abwägende, textgestützte Argumentation unabdingbar ist. Ein klassisches Gliederungsschema

47 Ich persönlich finde die folgende detailreiche Zusammenstellung sehr empfehlenswert: https://teachsam.de/deutsch/d_literatur/d_aut/les/les_dram/les_nathan/les_nathan_0.htm (Stand: 2.7.2024).

bietet sich wie immer an (Einleitung, Hauptteil und Schluss bzw. Fazit). Es sollte deutlich werden, dass – abweichend vom durchweg positiven Ende im Drama – trotz Nathans Ermordung im Roman ein zuversichtlich stimmender Blick auf die Zukunft möglich ist.

Lösungsvorschlag in knapper Fassung

Das sprichwörtliche Happy End sieht anders aus. Nathan wird, trotz seiner Güte und Duldsamkeit und vor allem trotz der schlimmen Erlebnisse in seinem Leben auch noch das Opfer eines Raubmordes. Lessing war diesbezüglich gnädiger als Mirjam Pressler; sein Drama endet als glückliches Hohelied auf den Menschen, der Konflikte überwindet und sich im wahrsten Sinne des Wortes zu umarmen lernt. Welche Gründe für das unterschiedliche Ende gelten könnten und wie das zu bewerten ist, soll im Folgenden betrachtet werden.

Nathan selbst ist es, der im Roman Presslers andeutet, dass die Welt eine andere ist, als sie es idealerweise sein sollte. Nach seinem geistigen Triumph in Form der Ringparabel zeigt er sich seinem Freund al-Hafi gegenüber eigentümlich niedergeschlagen (S. 166). Dabei hätte er allen Grund, ausgelassen zu feiern. Mit seiner Erzählung hat er die versteckte Falle Saladins elegant umschritten, die offenbar dazu dienen sollte, eine brisante Aussage zu machen. Mit der hätte ihn der intelligente Saladin vor dem Hintergrund der angespannten Lage des auslaufenden Waffenstillstands in Jerusalem unter Druck setzen können, sodass er ein leichtes Opfer für die finanziellen

Wünsche des Sultans geworden wäre (mit dem Hinweis auf Schutz verbunden). Die Ringparabel Nathans aber lässt die Entscheidung offen, welche Religion die wahre ist, und Saladin versteht die Botschaft (S. 164 f.). Im Anschluss verrät Nathan seinem Freund al-Hafi, dass er auf die Erfüllung eines Menschheitstraumes hoffe, der nichts Geringeres als die Verbrüderung aller Menschen bedeute. Ob die Ermordung Nathans nun eine böse Enttäuschung des Lesepublikums darstellt, ist eine Frage des subjektiven Leseempfindens. Man könnte das Ende für ungut halten, wenn man das Bedürfnis nach einer optimistischen Botschaft in einer alles andere als heilen Welt verspürt. Das kann möglicherweise auch an der berühmten Stoffvorlage liegen. Alle, die Lessings Drama kennen, werden während und nach der Lektüre Vergleiche anstellen. Dabei wird man an die Gegenwart mit ihren Kriegen und Terroranschlägen denken und deswegen die Erzählwelt des Romans, die voller Gewalt und Konflikte ist und verrohte Kinder hinterlässt, deren Spaß es ist, einen kleinen Hund an einen Baum zu binden und zu Tode zu steinigen (S. 188–190), vielleicht als realistischer begreifen. Der Roman und auch die Gegenwart sind weit von Entspannungsgefühlen entfernt. Folgerichtig ist Nathans Ermordung das Resultat einer Welt, in der sich längst nicht jeder zur Menschlichkeit durchringen kann. Im Drama Lessings ist das anders. Die Aufdeckung der Verwandtschaftsverhältnisse macht länder- und kulturübergreifend die Familien und damit auch die Menschen im wahrsten Sinne des Wortes zu Brüdern. Leid und Tod sind vergleichsweise nur kurz angedeutet. Im IV. Akt,

7. Szene sind es nur wenige Zeilen, in denen Nathan über die Ermordung seiner Familie redet, und diese könnten deshalb bei einer extensiven Lektüre der Blankverse nicht die gleiche Intensität entfalten, wie es der Bericht Elijahus über Nathans Schicksal tut. Lessing hat wohl die Botschaft seines Dramas unmissverständlich klarstellen wollen und deswegen den Fokus der Bühnenhandlung auf den dritten Akt (die Ringparabel) gelegt und auch auf das Ende mit der allgemeinen, symbolischen Umarmung. Er hatte in der Zeit der Aufklärung auch mit einem ganz anderen Kunstgeschmack zu rechnen. Es sei daran erinnert, welche literarischen Strömungen in der zweiten Hälfte des 18. Jahrhunderts zu verzeichnen waren. Die Empfindsamkeit und der Sturm und Drang, um nur zwei zu nennen, erlaubten Pathos und Gefühlsüberschwang, zogen das Publikum an und waren Hilfsmittel, um die Textbotschaften zu verdeutlichen. Mirjam Pressler hingegen hat nicht nur in ihrer »Nachbemerkung« die Realität einer unbefriedeten Welt gesehen und sah in der nötigen Umgestaltung von Lessings Nathan die einzige Chance, die Botschaft der Ringparabel zu erhalten und der heutigen Jugend wieder näherzubringen. Ihre eigenen Töchter bezeichneten Lessings Drama schließlich als »Gelaber«, was Grund genug war, den idealisierten Figuren und der idealisierten Lebenswelt mehr Lebenswirklichkeit zu geben. Diese Umgestaltung umfasst die sprachliche Gestaltung, die Vertiefung der Biografien der Figuren vor dem Kontext der Zeit und letztlich auch die Chance Nathans, in einer Welt des Hasses zu leben und zu überleben. Ein anderer Aspekt sei abschließend erwähnt.

Auch wenn Nathan im Roman ermordet und seine Leiche entwürdigt wird, so ist das Romanende keineswegs nur traurig und der Blick auf die Welt pessimistisch. In der Verarbeitung ihrer Trauer durchlaufen alle Mitglieder aus Nathans Haus einen Prozess, der ihnen am Ende Halt und Kraft gibt. Elijahu kann nach der überstandenen lebensbedrohlichen Erkrankung Recha sagen, dass er bei ihr bleibe, weil Nathans »großes Herz« (S. 241) sie zu einer Familie gemacht habe. Es ist Recha, die laut dazwischengeht, als in der anfänglichen Fassungslosigkeit über blutige Rache an den Mördern geredet wird: »Mein Vater hat nie vom Gott der Rache gesprochen, immer nur vom Gott der Liebe« (S. 237). Und später verspricht sie al-Hafi: »Ich werde dafür sorgen, dass mein Vater in seinen Kindeskindern weiterlebt« (S. 243). Damit sind das Haus Nathans und seine Werte gefestigt und haben die denkbar schwerste Belastungsprobe überstanden. Die Schlussworte des Romans im letzten Satz sind metaphorisch zu verstehen. Der Regen erinnert an Geschems Namensgebung und die damit verbundene Bedeutung der Identitätsfindung, und die vollen Zisternen stellen in der Wüstenumgebung die Aussicht auf Erfüllung und Glück, durchaus auch in der Beziehung von Recha und Leu von Filnek, in Aussicht.

Das Romanende lässt sich also im Vergleich als tröstend begreifen. Die Vision eines besseren zwischenmenschlichen Miteinanders auf der Grundlage von Barmherzigkeit und Nächstenliebe ist im großen Umfeld der Kreuzzüge natürlich unrealistisch, aber im Kleinen kann sie gelingen und Kraft geben. Diese Textbotschaft steht am Ende der

Lektüre vor dem Lesepublikum, und sie wird auf einem vielleicht realistischer erscheinenden Wege vermittelt, als es im Drama Lessings der Fall ist. Dieses ist vergleichsweise idealisiert und abstrakt.

11. Literaturhinweise/Medienempfehlungen

Verwendete Textgrundlage

Mirjam Pressler: Nathan und seine Kinder. Roman. Weinheim/Basel: Beltz & Gelberg, 2011.

Empfehlenswerte Webseiten

www.literaturportal-bayern.de/autorinnen-autoren?task=lpbauthor.default&pnd=119290650 [Biografisches zu Mirjam Pressler.]

www.mirjampressler.de [Homepage der 2019 verstorbenen Autorin.]

www.wikipedia.de [Mittlerweile die erste Anlaufstelle für Recherchen und zitierfähig, da inhaltliche Kritik angegeben ist und der öffentlichen Diskussion überlassen wird. Es ist an der Zeit, die Vorbehalte einzustellen.]

www.projekt-gutenberg.org [Das Projekt sammelt gemeinfreie Werke in verlässlicher Edition und bietet diese kostenlos an. Nach dem 70-jährigen Urheberschutz sind Werke allgemein zugänglich.]

www.jstor.org [Portal für die Recherche nach digitalisierten Aufsätzen und Büchern.]

https://archive.org [Eine der weltweit größten Online-Bibliotheken.]

https://teachsam.de/deutsch/d_literatur/d_aut/les/les_dram/les_nathan/les_nathan_0.htm [Empfehlenswerte Webseite zu Lessings Drama.]

Darstellungen zur Geschichte

Asbridge, Thomas: Die Kreuzzüge. Der Krieg um das Heilige Land. Aus dem Engl. von Susanne Held. München: Pantheon, 2021. [Standardwerk.]

Berg, Dieter: Richard Löwenherz. Darmstadt: WBG, 2007. [Standardwerk.]

Hinz, Felix: Kompaktwissen Geschichte. Die Kreuzzüge. Stuttgart: Reclam, 2017. [Standardwerk.]

Kershaw, Ian: Achterbahn. Europa 1950 bis heute. Aus dem Engl. von Klaus-Dieter Schmidt. Bonn: bpb, 2020. [Souveränes Standardwerk zur Neueren Geschichte.]

Maalouf, Amin: Der Heilige Krieg der Barbaren. Die Kreuzzüge aus der Sicht der Araber. Aus dem Franz. von Sigrid Kester. München: dtv, 2003. [Von Pressler ausdrücklich als Quelle genannt.]

Möhring, Hannes: Saladin. Der Sultan und seine Zeit. 1138–1193. München: Beck, 2005. [Standardwerk.]

Tyros, Wilhelm von: Geschichte der Kreuzzüge und des Königreichs Jerusalem. Stuttgart: Krabbe, 1840. [Von Pressler ausdrücklich genannt. Als Digitalisat der Bayerischen Staatsbibliothek: www.digitale-sammlungen.de/de/view/bsb10743205? page=,1]

Andere Literatur

Becker, Sabina / Hummel, Christine / Sander, Gabriele: Literaturwissenschaft. Eine Einführung. 2., erw. und aktual. Aufl. Stuttgart: Reclam, 2018.

Becker, Udo: Lexikon der Symbole. Mit über 900 Abbildungen. Freiburg i. Br. / Basel / Wien: Herder, 1998. [Empfehlenswerte Zusammenstellung.]

Bernhardt, Sebastian / Standke, Jan (Hrsg.): Historisches Erzählen in der Gegenwartsliteratur. Positionen der germanistischen Literaturdidaktik. Bielefeld: Transcript, 2022. [Studien über das historische Erzählen und den Umgang damit; auf den Seiten 121–165 zwei Aufsätze über Mirjam Pressler.]

Böhmann, Marc / Stemmer-Rathenberg, Anke: *Nathan und seine Kinder* im Unterricht. Lehrerhandreichung zum Jugendroman von Mirjam Pressler. Klassenstufe 8–12. Mit differenzierten Kopiervorlagen. Weinheim: Beltz, ^{4}2022.

Gelberg, Barbara (Hrsg.): Werkstattbuch Mirjam Pressler. Weinheim: Beltz und Gelberg, 2001.

Mai, Yomb: Kompaktwissen XL. Abiturwissen Deutsch. 2., verb. und erw. Ausg. Stuttgart: Reclam, 2018. [Prägnantes Überblickswerk.]

Möbius, Thomas: Textanalyse und Interpretation zu Mirjam Pressler *Nathan und seine Kinder*. Hollfeld: Bange, 2023. [Wichtige Analyse des Werks.]

Ruffing, Reiner: Deutsche Literaturgeschichte. 3., überarb. und aktual. Aufl. Paderborn: Wilhelm Fink, 2021.

Wucherpfennig, Wolf: Deutsche Literaturgeschichte. Von den Anfängen bis zur Gegenwart. Stuttgart/Leipzig: Klett, 2010.

12. Zentrale Begriffe und Definitionen

Archaismus: (siehe Stilmittel) altertümlich klingendes Wort.

➤ S. 69

Drama, Dramenform: Die klassische pyramidenartige Dramenform hat der Literaturwissenschaftler Gustav Freytag 1863 verallgemeinernd veranschaulicht. Über die Stationen Exposition, Steigerung, Höhepunkt, retardierendes Moment (Verzögerung) und Auflösung oder Katastrophe entwickelt sich die Handlung. (Vgl. Mai, *Abiturwissen Deutsch*, S. 103 f., siehe Literaturhinweise.)

➤ S. 81, 92–101

Erzähler- und Figurenrede: Darstellungsweise des Erzählers oder der beteiligten Figuren. Dazu zählen Bericht (Darstellung von Abläufen), Reflexionen, Beschreibungen, direkte Rede (unmittelbare Gespräche), indirekte Rede, erlebte Rede (Wiedergabe von Gedanken oder Gefühlen in der 3. Person), innerer Monolog, Bewusstseinsstrom.

➤ S. 65–68

Erzählform: Autor und Erzähler sind in Erzählungen nie identisch; der Erzähler ist eine Kunstfigur. Es gibt zwei Erzählformen: der Ich-Erzähler oder der Er-/Sie-/Es-Erzähler. Die Art der Erzählvermittlung bezeichnet man als ➤Erzählverhalten oder Erzählsituation (auktorial, personal oder neutral).

➤ S. 65, 77

Erzählperspektive: Die Außenperspektive umfasst alles äußerlich Wahrnehmbare (Eindrücke, Aussehen), die Innenperspektive die innerlichen Vorgänge (Gefühle, Gedanken).

➤ S. 77, 79

Erzählsituation oder -verhalten: beschreibt die Art und Weise der Erzählvermittlung. Auktoriales Erzählverhalten erkennt man an allwissend wirkenden Formulierungen des Erzählers, Vorausdeutungen oder Rückblicken und Wertungen; personales Erzählverhalten ist durch eine in der Erzählwelt beteiligte Figur erkennbar, über die alles dargestellt wird; neutrales Erzählverhalten ist eine Extremform, in der der Erzähler nicht greifbar erscheint und wie eine Kamera mit Mikrofon alles vermittelt und keinerlei Wertungen vorkommen.

➤ S. 80

Hypotaxe: Satzgefüge, Unterordnung eines Nebensatzes unter einen anderen Satz (Hauptsatz).

➤ S. 67

Metapher: (siehe Stilmittel) bildhafte Übertragung mindestens eines Wortes in einen anderen Bedeutungszusammenhang.

➤ S. 55, 69

Motiv: bedeutungstragendes, vorerst nicht genau festgelegtes Element in einem Text, wobei die Kette von Motiven den Stoff formt. Motive können in einem Werk wie in der Musik wiederholt anklingen und das inhaltliche Geschehen prägen und strukturieren.

➤ S. 70 f., 76–79

Parallelismus: (siehe Stilmittel) identischer Aufbau von Satzeinheiten.

➤ S. 69, 97

Parataxe: Satzreihe, Nebenordnung von (Haupt-)Sätzen.
➤ S. 67

Personifikation: (siehe Stilmittel) Vermenschlichung von Dingen.
➤ S. 69

Stilmittel: (z. B. Metapher, Parallelismus usw.) leicht online recherchierbar oder in Überblicksdarstellungen (z. B. Mai, *Abiturwissen Deutsch*, ab S. 225).
➤ S. 69

Symbol: (siehe Stilmittel) anschauliches Zeichen, das Abstraktes vermittelt.
➤ S. 70 f., 73

Zeitgestaltung: Die erzählte Zeit bezeichnet die Dauer der erzählten Handlung, die Erzählzeit die Dauer für das Erzählen oder Lesen der Handlung. Das führt zu zeitraffendem Erzählen (ein erkennbar längeres Geschehen wird verkürzend erzählt), zeitdeckendem Erzählen (Erzählzeit und erzählte Zeit sind deckend, in Gesprächen der Fall) und zeitdehnendem Erzählen (sehr ausführliches Erzählen einer Begebenheit, die erkennbar nicht so lange dauert).
➤ S. 79